BEI GRIN MACHT SICH IHR WISSEN BEZAHLT

- Wir veröffentlichen Ihre Hausarbeit,
  Bachelor- und Masterarbeit

- Ihr eigenes eBook und Buch -
  weltweit in allen wichtigen Shops

- Verdienen Sie an jedem Verkauf

Jetzt bei www.GRIN.com hochladen
und kostenlos publizieren

Sarah Winkelmann

Anglizismen in der deutschen Sprache

Welche Auswirkungen hat der häufige Gebrauch von Anglizismen in der Produktwerbung für Kosmetika in der deutschen Sprache auf unser Denken und unsere Wahrnehmung?

GRIN Verlag

Bibliografische Information der Deutschen Nationalbibliothek:

Die Deutsche Bibliothek verzeichnet diese Publikation in der Deutschen National-
bibliografie; detaillierte bibliografische Daten sind im Internet über http://dnb.d-
nb.de/ abrufbar.

Impressum:

Copyright © 2013 GRIN Verlag GmbH
Druck und Bindung: Books on Demand GmbH, Norderstedt Germany
ISBN: 978-3-656-50377-4

GRIN - Your knowledge has value

Der GRIN Verlag publiziert seit 1998 wissenschaftliche Arbeiten von Studenten, Hochschullehrern und anderen Akademikern als eBook und gedrucktes Buch. Die Verlagswebsite www.grin.com ist die ideale Plattform zur Veröffentlichung von Hausarbeiten, Abschlussarbeiten, wissenschaftlichen Aufsätzen, Dissertationen und Fachbüchern.

Besuchen Sie uns im Internet:

http://www.grin.com/

http://www.facebook.com/grincom

http://www.twitter.com/grin_com

INTERNATIONAL
BACCALAUREATE:
EXTENDED ESSAY

TOPIC: ANGLIZISMEN IN DER DEUTSCHEN SPRACHE
RESEARCH QUESTION: WELCHE AUSWIRKUNGEN HAT
DER HÄUFIGE GEBRAUCH VON ANGLIZISMEN IN DER
PRODUKTWERBUNG FÜR KOSMETIKA IN DER
DEUTSCHEN SPRACHE AUF UNSER DENKEN UND
UNSERE WAHRNEHMUNG?

Candidate Name: Sarah Winkelmann

Session: May 2013
German A Category 3
Number of words: 3995

Abstract

Aus der gegenwärtigen Werbesprache für Kosmetikprodukte sind Anglizismen nicht mehr wegzudenken. Einen der betroffenen Bereiche stellt zum Beispiel unser Badezimmer dar: So stoßen wir auf „Anti-Aging Cremes" und „Body Lotions", die versprechen, unsere „Skin" durch „Natural Hi-Tech" und „New Technologies" jünger aussehen zu lassen. Nach der Haarwäsche mit „Shampoo", „Conditioner" und „Hydration" haben wir vor dem Spiegel die Wahl zwischen „Matt Mousse Make-Up", der Wimperntusche und dem Lippenstift, die für „Colossal Cat Eyes" und „Glossy Lips" werben. Zuletzt fragen wir uns nach dem Einsetzten der „Easy Contacts": Haben wir da überhaupt noch den Durchblick?

Das genannte Beispiel, wenn auch übertrieben, verdeutlicht das häufige Vorkommen von Anglizismen in der Werbung. **Doch welche Auswirkungen hat der häufige Gebrauch von Anglizismen in der Produktwerbung für Kosmetika in der deutschen Sprache auf unser Denken und unsere Wahrnehmung?** Diese zentrale Frage werde ich in meinem Extended Essay behandeln.

Neben einer Definition der Bedeutung des Begriffes Anglizismus und einer Analyse der vielseitigen Funktionen von Anglizismen in der deutschen Sprache untersuche ich zunächst, in welchen Situationen wir bewusst, unbewusst oder gezielt durch Anglizismen beeinflusst werden. Der Fokus der Untersuchung liegt dabei auf der gezielten Beeinflussung durch Anglizismen in der Produktwerbung für Kosmetika für Frauen.

Letztlich komme ich zu dem Schluss, dass Sprecher generell unbewusst beeinflusst werden durch Anglizismengebrauch im sozialen Umfeld und in den Medien, indem Personen versuchen, ansprechende Handlungen zu kopieren und ein Zusammengehörigkeitsgefühl zu erzeugen.

Eine bewusste und gezielte Beeinflussung erfahren Verbraucherinnen hingegen in der Produktwerbung für Kosmetika, in der mit Anglizismen versucht wird, ihnen ein Gefühl von Trendbewusstsein, Vorteilhaftigkeit und Internationalität zu vermitteln. Dieses Gefühl bestärken Aspekte der Modernität, Jugendlichkeit und Amerikanisierung, die häufig Ausdruck in Anglizismen finden. Konsumentinnen glauben, ihr Streben nach genannten Aspekten sei erfüllt, wenn sie mit Anglizismen beworbene Produkte verwenden.

290 Wörter

Inhaltsverzeichnis

Einleitung

In den letzten Jahren lässt sich eine stetige Zunahme von Anglizismen in der deutschen Sprache beobachten. Diese Tatsache veranlasste mich dazu, eine Umfrage zu führen, in der ich 294 deutschsprachige Personen des repräsentativen Querschnitts ab einem Alter von 15 Jahren zum Thema Anglizismen befragte. Durch die Umfrage ist es mir möglich, folgende Unterschiede im Gebrauch und Umgang mit Anglizismen aufgrund von Alter, Familienstand und Bildungsgrad aufzuzeigen:

Es ist deutlich geworden, dass mit Zunahme des **Alters** das Bewusstsein für den persönlichen Gebrauch von Anglizismen stetig zunimmt und gleichzeitig die geschätzte Anzahl von täglich verwendeten entlehnten Begriffen abnimmt. Des Weiteren zeigte sich, dass mit Zunahme des Alters die Akzeptanz für die Verwendung von Anglizismen konstant abnimmt und stattdessen die Abneigung zunimmt. So nehmen nur 5% der 15- bis 25-jährigen Befragten, aber 50% der Befragten über 65 Jahren Anglizismen als abstoßend wahr.

Auffällig zeigt sich auch, dass Befragte ohne **Kinder** sehr viel intoleranter der Verwendung von Anglizismen gegenübertreten als Befragte mit Kindern, die den Gebrauch von Anglizismen vermutlich schon von ihren Kindern gewohnt sind.

Auch anzumerken ist, dass Personen mit einem hohen **Bildungsgrad** ihren Umfang von verwendeten Anglizismen bewusster wahrnehmen und die Verwendung besonders gutheißen. Mit Abnahme des Bildungsgrades nimmt auch die Wahrnehmung von Anglizismen als geeignet ab. So empfinden 25% der Befragten höheren Bildungsgrades Anglizismen als geeignet, während nur ein Prozent der Befragten geringeren Bildungsgrades diesem zustimmen. Hingegen steigt das Gefühl, Anglizismen als weniger gut oder gar abstoßend wahrzunehmen, was darin Ausdruck findet, dass elf Prozent der Personen mit höherer Bildung und 38% der Personen geringeren Bildungsgrades Anglizismen als weniger gut wahrnehmen.

Auffallend ist auch, dass ein Großteil der Befragten berichtete, in der **Produktwerbung** auf die meisten Anglizismen zu treffen. Das trifft auf durchschnittlich 82% der Befragten, unabhängig von Alter und Familienstand, zu. Bei den Befragten zwischen 46 und 55 Jahren bestätigten dies sogar 92%. Zum Vergleich: Nur durchschnittlich 67% der Befragten gaben an, Anglizismen im Berufs- und Bildungsumfeld aufzufinden.

Besonders durch das hohe Aufkommen von Anglizismen in der Produktwerbung und durch die Tatsachen, dass Meinungen über den Gebrauch von und Umgang mit Anglizismen, wie die Umfrage beweist, derzeit sehr weit auseinandergehen und die Zukunft der deutschen Sprache sicherlich nicht unbeeinflusst lassen werden, möchte ich mich mit folgenden Fragen beschäftigen: Wann werden unser Denken und unsere Wahrnehmung durch Anglizismen gezielt, bewusst oder unbewusst beeinflusst? Was bewirken Anglizismen speziell in Produktwerbung für Kosmetika in Verbraucherinnen? Welche Effekte sollen erzielt werden?

Bedeutung des Begriffes Anglizismus

Als kompliziert erweist sich die Suche nach einer treffenden, allgemeinen Definition des Begriffes Anglizismus. Für den erst in der Mitte des 19. Jahrhunderts im fortschreitenden Zeitalter der Globalisierung an Popularität gewonnenen Begriff lässt sich folgende Definition finden: „[Eine] aus dem britischen Englisch in eine nicht-englische Sprache übertragene Spracheigenheit im lexikalischen, syntaktischen, oder idiomatischen Bereich [wird als Anglizismus betitelt]"[1]. Eine weitere Definition lautet: „Übertragung einer für das britische Englisch charakteristischen sprachlichen Erscheinung auf eine nichtenglische Sprache."[2]Allerdings beschränken sich diese Definitionen ausschließlich auf Wortentlehnungen aus dem britischen Englisch, obwohl die Mehrheit der Anglizismen seit 1945 dem amerikanischen Englisch entnommen wurde und auch anzumerken ist, dass das Unterscheiden in britisches und amerikanisches Englisch aufgrund der hohen Sprachkongruenz nicht immer möglich ist[3].

Etwas genauer wird der Begriff Anglizismus durch die folgende Definition beschrieben: „[Der Anglizismus stellt eine] in eine andere Sprache übernommene engl. Spracheigentümlichkeit z.b. ‚einmal mehr' aus ‚oncemore' (=noch einmal) [dar]"[4]. Hierbei wird nicht zwischen britischem und amerikanischem Englisch unterschieden, sondern der generalisierte Ausdruck „englische Sprache" verwendet.

Zusammenfassend lässt sich sagen, dass sich unter dem Begriff Anglizismus eine Einführung von neuen Ausdrücken, genauer genommen eine Wortentlehnung aus der englischen Sprache, ganz gleich ob britisch oder amerikanisch, verstehen lässt. Diese Wortentlehnungen, welche „jegliche lexikalische, phonetische, semantische, morphologische und syntaktische Beeinflussung des Deutschen"[5] bezwecken, spiegeln häufig Einflüsse auf und Entwicklungen von einer Gesellschaft wider[6]. So kann die Amerikanisierung, die Orientierung an der Weltwirtschaftsmacht USA, mitunter als Grund für die Verwendung von Anglizismen in der deutschen Sprache angesehen werden. Durch fehlende Entsprechungen für Begriffe der englischen Fachsprache zur Beschreibung von beispielsweise technologischen oder wirtschaftlichen Sachverhalten ist das Verwenden von Anglizismen unerlässlich. Beispielsweise gibt es für das englische Fachwort „E-Banking" keine deutsche Entsprechung.

---

[1] Bußmann, Hadumod: Lexikon der Sprachwissenschaft. 2. Auflage. Stuttgart:Kröner1990, S. 84.
[2] Drosdowski, Günther: DUDEN Das große Wörterbuch der deutschen Sprache. Band 1: A-Ci. Völlig neu bearb. Aufl. Mannheim: Bibliographisches Institut 1979, S. 138.
[3] vgl. Zürn, Alexandra: Anglizismen im Deutschen. 1. Auflage. Karlsruhe: Universität Karlsruhe Dissertation 2001, S. 64.
[4] Wahrig, Gerhard: Deutsches Wörterbuch. Völlig neu überarb. Aufl. München: Mosaik Verlag 1986, S. 165.
[5] Doeppner, Kathrin: Anglizismen in der deutschen Sprache. 1. Auflage. Ravensburg und München: GRIN Verlag 2007, S. 5.
[6] vgl. Stedje, Astrid: Deutsche Sprache gestern und heute.2. Auflage. München: Wilhelm Fink Verlag 1994, S. 25.

Arten von Anglizismen

Laut Alexandra Zürn, Doktorin der Philosophie, können Anglizismen in die folgenden drei unterschiedlichen Gruppierungen unterschieden werden[7]:

Zum einen werden sich im **Konventionalisierungsprozess** befindende Anglizismen wie *Conditioner* verwendet. Entwickeln sich diese Begriffe nicht zu konventionellen Ausdrücken, verschwinden sie wieder aus unserer Sprache.

Eine weitere Kategorie stellen „**konventionelle Anglizismen**" dar. Zu dieser Wortgruppe zählen bekannte, als natürlich unserer Sprache angehörend empfundene Begriffe. Beispielhaft dafür sind die Begriffe *Make-Up* und *Eyeliner*.

Der dritten Unterscheidungsart von Anglizismen seien **Eigennamen, Titel, Slogans und Zitate** zugeordnet. Dabei umfassen die Eigennamen Personen-, Einrichtungs-, Gegenstands- und geografische Namen. Die Personennamen lassen sich wiederum in Vornamen wie *John*, Familiennamen wie *Jones*, Namen von literarischen Personen sowie Künstlern wie *Sherlock Holmes & Watson* oder *Madonna* unterteilen. Unter anderem zählen zur Verwendungskategorie „Einrichtungsnamen" Universitätsnamen wie *University of Chicago*, Fluglinienbetitelungen wie *American Airlines*, Institutsnamen, zu denen die *CIA* zählt, oder Fernsehsendernamen wie die *BBC*. Auch englische Titel, kategorisierbar in Buch-, Musik-, Theaterstück-, Musical-, Film- und Sendungsnamen wie das Musikstück *What a feeling*, das Musical *Hair* oder der Film *Robin Hood* werden als Anglizismen bezeichnet. Zuletzt kann die Gruppe der Werbesprüche, oder als Anglizismus ausgedrückt: Slogans, festgemacht werden. Dieser Titel bezeichnet Zitate, Werbesprüche in Anzeigen für Produkte, Phrasen und Redewendungen. Beispielhaft dafür sind das berühmte Zitat des US-amerikanischen Präsidenten Barack Obama „*Yes, we can!*" und der Werbespruch „*Made in Germany*", mit dem häufig die Qualität deutscher Produkte angepriesen wird. Des Weiteren können auch die Phrase des populären Parfümerieunternehmens Douglas „*Come in and find out!*", inzwischen aufgrund von Missverständnissen der Werbebotschaft eingestellt, wie auch die Redewendung „*Live your life*" zu den Werbesprüchen gezählt werden.

---

[7] vgl. Zürn, Alexandra: Anglizismen im Deutschen. 1. Auflage. Karlsruhe: Universität Karlsruhe Dissertation 2001, S. 68 f.

Funktionen von Anglizismen in der deutschen Werbesprache

Mit Anglizismen wird ein **Ausbau des Wortschatzes** bewirkt, da die meisten neuen Wörter aus anderen Sprachen integriert werden[8]. Es lässt sich feststellen, dass „der althochdeutsche Wortschatz im 9. Jahrhundert [...] auf etwa 20 000 bis 30 000 Wörter geschätzt [wird]"[9], wobei ein Wörterbuch der Gegenwartssprache etwa 300 000 Einträge mit bis zu 500.000 Entsprechungen aufweist.[10] Hervorgerufen wird diese bedeutende Wortschatzentwicklung durch Wortbildung als auch Wortentlehnung.

Doch die Lehnmotivation und Funktion von Anglizismen in der deutschen Sprache lässt sich noch weiter differenzieren. Die nun folgenden, an der Dissertation von Alexandra Zürn orientierten Subthemen Internationalismus, Bedarf, Auffälligkeit, Euphemismen und Ausdrucksvariationen sind nur die wichtigsten der zahlreichen Motivations- und Funktionsweisen.

Internationalismus

Durch die Internationalisierung im 18. und 19. Jahrhundert und die Globalisierung, eingetreten in der Mitte des 20. Jahrhunderts[11], entwickelten sich Internationalismen, definiert als „Wörter/Fügungen, die in mindestens drei großen Nationalsprachen verschiedener Sprachfamilien anzutreffen sind und auf Grund ihrer formalen Ähnlichkeit und semantischen Übereinstimmung ohne Übersetzung verständlich sind"[12]. Internationalismen ermöglichen eine **einfache internationale Kommunikation**[13], beispielhaft dafür ist der Begriff „cream" im Englischen, „Creme" im Deutschen und „crème" im Französischen.

Bedarf

Einen Grund, Anglizismen in unsere Sprache aufzunehmen, stellen die **fehlenden oder unzureichenden deutschen Entsprechungen** für englische Begriffe dar. Daher werden Ausdrücke wie „Shampoo", für den es keine deutsche Entsprechung gibt, einfach in unsere Sprache übernommen.

---

[8]vgl. Stedje, Astrid: Deutsche Sprache gestern und heute. 2. Auflage. München: Wilhelm Fink Verlag 1994, S.23.
[9]Roelcke, Thorsten: Geschichte der Deutschen Sprache. München: Verlag C. H. Beck 2009, S. 55 f. und S. 72 f.
[10, 11]vgl. Roelcke, Thorsten: Geschichte der Deutschen Sprache. München: Verlag C. H. Beck 2009, S. 55 f. und S. 72 f.
[12]Zürn, Alexandra: Anglizismen im Deutschen. 1. Auflage. Karlsruhe: Universität Karlsruhe Dissertation 2001, S. 209 f.
[13]vgl. Zürn, Alexandra: Anglizismen im Deutschen. 1. Auflage. Karlsruhe: Universität Karlsruhe Dissertation 2001, S. 209 f.

Auffälligkeit

Auffälligkeiten haben die Funktion, **Aufmerksamkeit zu erregen**, den Adressaten zu beeindrucken[14] und dem Zeitgeist, der sich zurzeit an der Wirtschaftsgroßmacht USA orientiert, zu entsprechen. Es sind meistens kurze, knappe Wörter, die immer als fremdsprachig erkannt werden. Exemplarisch sind dafür die Begriffe „Go blonder" und „Pure Volume". Meistens müssen die Wendungen gar keinen Sinn ergeben wie der Werbeslogan „Go lighter. Go blonder. You're a blonde.".

Euphemismen

Euphemismen sind Begriffe zur **Beschönigung** von Sachverhalten oder Objekten, die ein Sprecher anwendet, um den eigentlichen Ausdruck zu umschreiben, der ihm peinlich oder unangemessen erscheint. Häufig werden Anglizismen als Euphemismen benutzt. Sie transportieren denselben Inhalt, doch sind noch nicht derart negativ konnotiert wie die eigentlichen Begriffe, da sie erst seit kurzem als Beschreibung des ursprünglichen Inhaltes angewendet werden.[15] So kann der Anglizismus „Handicap" den Begriff „Behinderung" und der Ausdruck „Spot remover" den „Pickelentferner" beschönigen.

Ausdrucksvariationen

Anglizismen können unseren Wortschatz **sinnvoll ergänzen** und so zu unserer Ausdrucksvariation positiv beitragen. Da Anglizismen oft über eine deutsche Entsprechung verfügen, ist es uns zur Wahl gestellt, ob wir das deutsche oder das englische Wort verwenden. Diese Ausdrucksvariation gibt uns die Möglichkeit, den Sinn und die Botschaft unserer Aussagen noch besser und adressatengerechter auszudrücken.[16]

[14,15,16] vgl. Zürn, Alexandra: Anglizismen im Deutschen. 1. Auflage. Karlsruhe: Universität Karlsruhe Dissertation 2001, S. 209 f.

Unbewusste Beeinflussung von Denken und Wahrnehmung durch den Gebrauch von Anglizismen

Unter der unbewussten Beeinflussung durch Anglizismen versteht sich eine beabsichtigte wie auch unbeabsichtigte Einflussnahme auf unser Denken und unsere Wahrnehmung, ohne dass wir diese bewusst wahrnehmen.

Einer der vielen Faktoren, die indirekt unsere Wahrnehmung beeinflussen, stellt das **soziale Umfeld** dar, in dem wir uns bewegen. Personen, mit denen wir in regelmäßigen Abständen Kontakt haben und Beziehungen pflegen, tragen unser ganzes Leben lang zur Beeinflussung durch ihren Gebrauch von Sprache bei.

Bereits im Kindesalter erfahren wir eine besonders große Beeinflussung unseres Denken und unserer Wahrnehmung durch die **Eltern**, denn besonders in den ersten Lebensjahren haben die Erziehenden den prägendsten Einfluss auf den Sprachgebrauch ihres Kindes, da sie ihm das Sprechen beibringen und als Vorbild in der Kommunikation fungieren. Dabei übernehmen heranwachsende Kinder das Sprachniveau ihrer Eltern, was es möglich macht, dass Kinder, deren Eltern viele Anglizismen verwenden, diese auch in ihren Sprachgebrauch integrieren.

Im fortgeschrittenen Alter, während der Jugend und als Erwachsener beeinflussen nun auch **Freunde, Sport- oder Freizeitgruppen, Arbeitskollegen, Lehrer und berühmte Persönlichkeiten** wie prominente Fußballspieler oder Sänger den Sprachgebrauch einer Person. Wie bei den Kindern festgestellt, prägen auch im fortgeschrittenen Leben Sprachniveau und Spracheigentümlichkeiten des Umfeldes die Wahrnehmung der Heranwachsenden. Anglizismen werden aus dem sozialen Umfeld übernommen.

Einen weiteren Aspekt in der unbewussten Beeinflussung der Wahrnehmung durch die Sprache stellt der **Medienkonsum** dar. Nahezu zwei Drittel der für den Sender Pro Sieben angekündigten Programme wie „Newstime", „Germany's Next Topmodel - by Heidi Klum" und „talk talk talk – Die Late Show" tragen mit Anglizismen bestückte Titel. Des Weiteren können Filme den Kategorien „Thriller" und „Action" zugeordnet werden.

Gerade das **Fernsehen** übt eine große Beeinflussung auf uns aus durch seine lebensnahe Gestaltung. Da wir die Personen mit unserem Auge wahrnehmen, haben wir einen realitätsnäheren Bezug zu ihnen als im Radio oder in der Literatur. In der Natur des Menschen liegt es, ansprechende Handlungen und auch sprachliche Ausdrücke zu kopieren, weil wir uns erhoffen, aus Konfliktsituationen und Erfolgen der im Fernsehen gezeigten Personen zu lernen und Nützliches auf unser Alltagsleben übertragen zu können. Das erleichtert es, auch Spracheigentümlichkeiten wie Anglizismen in unseren alltäglichen Sprachgebrauch aufzunehmen. Unser Denken wird beeinflusst, indem wir die Auffassung vertreten, dass die Verwendung von Anglizismen in unserer Sprache und Gesellschaft richtig, angebracht und notwendig ist.

Ähnlich verhält es sich mit dem **Radioprogramm**. Energy Bremen beschreibt sich mit dem Werbespruch „Hit music only", das Nordwest Radio bietet das Programm „Live aus der

Bremer Glocke" an und das Funkhaus Europa sendet „Beat the night". Dabei ist die Beeinflussung des Hörers durch die Sprache durch das Radio erheblich höher als durch das Fernsehen. Im Fernsehen werden Inhalte hauptsächlich durch digitale Visualisierungen, wie Film- oder Bildmaterial vermittelt, während im Radio das Sprachniveau des Sprechers eine tragende Rolle spielt. Gerade weil die Moderatoren optisch nicht wahrgenommen werden können, wird vermehrt auf ihr Ausdrucksvermögen geachtet. Auch hier versuchen viele Radiosender durch Anglizismen Modernität und Jugendlichkeit zu vermitteln, um gerade junge Hörer zu gewinnen. Hinzu kommt, dass das Hören von Radioprogrammen anders als das Fernsehen oder das Lesen von Büchern beiläufiger geschieht. Gerade durch das häufige Hören beim Ausführen anderer Tätigkeiten werden Anglizismen verstärkt über das Unterbewusstsein wahrgenommen, was dazu beiträgt, dass das Erkennen von Anglizismen immer komplizierter wird und wir uns verpflichtet fühlen, Anglizismen zu verwenden, um Zusammengehörigkeit zu unserer Gesellschaft zu markieren.

In **Zeitschriften, Zeitungen und Literatur** lassen sich sowohl gezielte, unbewusste als auch bewusste Einflüsse (siehe Kapitel 4.2) von Anglizismen auf unsere Wahrnehmung finden. Da Autoren über einen eigenen Schreibstil verfügen, der durch ihren Alltag, in dem sie u.a. von Anglizismen beeinflusst werden, bestimmt wird, integrieren sie zum Teil unabsichtlich entlehnte englische Begriffe in ihre Werke. Durch eine große Verwendung von Anglizismen in Zeitschriften und Zeitungen erhalten Leser zunehmend den Eindruck, dass es notwendig ist, Anglizismen zu verwenden, um dem Zeitgeist zu entsprechen.

Bewusste Beeinflussung von Denken und Wahrnehmung durch den Gebrauch von Anglizismen

Unter der bewussten Beeinflussung durch Anglizismen ist eine beabsichtigte wie auch unbeabsichtigte Einflussnahme auf unser Denken und unsere Wahrnehmung zu verstehen, welche wir oftmals bewusst wahrnehmen können.

In der **Literatur**, zu der sowohl Zeitungen und Zeitschriften als auch Romane gehören, liegt der Unterschied in der Beeinflussung durch Anglizismen in den Adressaten. So ist anzunehmen, dass Anglizismen vermehrt in Zeitschriften wie beispielsweise der „InStyle" vorkommen, die eine jüngere Zielgruppe anspricht. Häufig wird dabei das Denken der Leser insofern beeinflusst, dass diese sich beim Lesen der Zeitschrift international, modern und trendbewusst fühlen.

Einen Zunahme in der Anzahl der Anglizismen belegt auch Dagmar Schütte in ihrer Studie, aus der hervorgeht, dass im Zeitraum von 1951 bis 1991 die Anzahl der in Werbeanzeigen in den Zeitschriften Brigitte, Spiegel und Stern verwendeten Anglizismen in Fließtexten um 5% und in Slogans sogar um 8,2% angestiegen ist[21].

Auch haben Personen im Alltag die Intention, durch die beabsichtigte Verwendung von Anglizismen ein **Prestigegefühl** zu erlangen. Der Sprecher versucht durch die unnötige Verwendung von Anglizismen Weltoffenheit, Bildung und Zugehörigkeit zu einer höheren sozialen Schicht zu markieren. Durch diese Verwendung von Anglizismen versucht er seinen Gesprächspartner zu beeindrucken. Häufig entsteht durch diese Haltung eine Mischung aus entlehntem und spracheigenem Begriff wie der Ausdruck „leiken", bestehend aus dem englischen Wort „like" und dem deutschen Begriff „mögen", verdeutlicht.

---

[21] vgl. Schütte, Dagmar: Das Schöne Fremde, Anglo-Amerikanische Einflüsse auf die Sprache der deutschen Zeitschriftenwerbung. Opladen: Westdeutscher Verlag 1996.

Gezielte Beeinflussung von Denken und Wahrnehmung durch Anglizismen in Werbung für Kosmetikprodukte

Unter der gezielten Beeinflussung durch Anglizismen wird eine beabsichtigte Auswirkung auf unser Denken und unsere Wahrnehmung verstanden, welche sowohl bewusst als unbewusst geschehen kann.

In der Konsumwelt findet sich eine Vielzahl von Anglizismen, deren Aufgabe darin besteht, uns zum Kauf der angepriesenen Güter und Dienstleistungen zu bewegen. Eine besonders große Anzahl von Anglizismen findet sich in Werbung für Körperpflege- und Kosmetikprodukte für Frauen. Beispielhaft dafür stehen im Folgenden zehn Werbeplakate der Hersteller John Frieda, Schwarzkopf, Garnier, Maybelline Jade, Schauma, Nivea, DKNY, Olaz und Heidi Klum, welche im Folgenden analysiert werden. Vermutet wird, dass durch die Verwendung von Anglizismen im Werbespruch sowie in Produktnamen und -beschreibungen Trendbewusstsein, Internationalität und technischer Fortschritt vermittelt werden sollen, da Anglizismen häufig mit Amerika assoziiert werden

Die Firma John Frieda (Werbeplakat oben) betitelt ihre Haarpflegeprodukte mit Anglizismen wie „Go Blonder", „Colour Renew", „Highlight Activating Hydration" und „Highlight Activating Volume". Durch die Betitelung dieser Produkte mit für Menschen ohne ausreichende Englischkenntnisse **unverständlichen Anglizismen** wie „Highlight Activating Hydration", was vielversprechender klingt als „Strähnchen hervorhebende Haarkur", erhält die Kundin den Eindruck, es handele sich um vorteilhaftere Güter. Allerdings kann es hier auch zu Missverständnissen kommen, sollten Kundinnen nicht über ausreichende

Englischkenntnisse verfügen und z.b. aus Angst, nicht das benötigte Produkt zu kaufen, gar keins dieser Firma erwerben.

Der genannte Werbespruch weckt im Kopf der Kundin den Wunsch, den **„American Dream"**, einen leichten, unbeschwerten Lebensstil, auszuleben. Signalisiert wird dies durch die Verwendung der englischen Sprache sowie durch den Satz „You can do anything you want", in dem sehr stark Unabhängigkeit und Unbeschwertheit angepriesen werden.

Neben dem Werbespruch besteht auch der Name der Produktreihe, „Sheer Blonde", aus Anglizismen. Hier wurde versucht mit den angepriesenen Produkten der Kundin Lifestyle und **Trendbewusstsein** zu vermitteln. „Sheer Blonde" hört sich eben moderner an als seine deutsche Entsprechung „Reines Blond". Dabei ist auch die Altersgruppe der Kundinnen der Pflegeprodukte zu berücksichtigen. Produkte John Friedas sprechen generell blonde Frauen jeden Alters an. Aufgrund des abgebildeten Fotos einer sehr jungen Frau scheinen jedoch Kundinnen bis zum dreißigsten Lebensjahr die angesprochene Zielgruppe zu sein. Daher ist es unerlässlich, Trend- und Modebewusstsein an die jungen Kundinnen zu vermitteln.

Auch die Firma Garnier (Werbeplakat links) fügt ihrem Namen den englischen Untertitel „Natural Hi-Tech" hinzu, um ihre internationale Stellung zu verdeutlichen. Hier wird der **technische Fortschritt** durch den Begriff „Hi-Tech" (Kurzform für High Technology) betont. Die Assoziation von Anglizismen mit technischem Fortschritt liegt nahe, da eine Vielzahl von modernen Produkten in wirtschaftlich fortschrittlichen Nationen wie zum Beispiel den USA produziert wird, in denen Englisch gesprochen wird. Die Kundin verspricht sich davon neue, innovative Güter, basierend auf vor Kurzem entwickelten Technologien. Außerdem werden Güter in westlichen, häufig englischsprachigen Staaten mit einem höheren Maß an Qualität verbunden als Güter, die in einer anderen Nation dieser Welt hergestellt wurden. Möglicherweise vertrauen Kundinnen westlichen Nationen, da diese bereits über mehrere Jahrhunderte qualitativ hochwertige Produkte herstellen als in den letzten Jahrzehnten aufstrebende Nationen. Zudem wird mit Anglizismen versehenen Produktnamen wie „Garnier Fructis Oil Repair Intensiv Aufbau Express-Kur" der **Amerikanisierung** Ausdruck verliehen. Kundinnen, die dieses Produkt konsumieren, sollen sich als internationale Konsumentinnen wahrnehmen.

Das Motiv der **Amerikanisierung** lässt sich ebenfalls in der Produktwerbung der Firma Nivea (Werbeplakat rechts) auffinden. Hier wird dieser durch vielfältig verwendete Anglizismen ausgedrückt. Zum einen lässt sich ein Anglizismus im Produkttitel „Beauty Care – Samt Glanz Shampoo" finden, doch auch der Werbespruch, bestärkt durch den Anglizismus „Workout" und der Slogan „Nivea Hair Care" bewirken das Gefühl, ein internationales, auf dem Weltmarkt erfolgreich gehandeltes Produkt zu erwerben.

Gewöhnlich weist ein Werbetext rund 60% Anglizismen auf, wenn ihm die Eigenschaft „teuer" zugeordnet wurde. Plakate, die mit der Eigenschaft „modern" oder „elegant" werben, bestehen aus rund 52% Anglizismen. Hingegen sind in Werbetexten, die für „Natürlichkeit" und „Tradition" werben, nur rund 26% aller verwendeten Wörter englisch. Hierbei gilt es, das Motiv „exklusive Produkte verlangen nach exklusiven Wörtern" der Kundin zu vermitteln.[22]

---

[22] vgl. Schütte, Dagmar: Das schöne Fremde, Anglo-amerikanische Einflüsse auf die Sprache der deutschen Zeitschriftenwerbung. Opladen: Westdeutscher Verlag 1996. S. 304, 305.

Extended Essay
German A1 HL

Heidi Klum (Werbeplakat oben vorherige Seite) bewirbt ihr Parfüm ebenfalls mit dem Anglizismus „Shine", um wie die Firmen Garnier und Nivea die **Internationalität** zu betonen. Mit der Verwendung dieses englischen Wortes verleiht sie ihrer internationalen Stellung als Topmodel Ausdruck. Außerdem spielt auch hier der Klangaspekt eine Rolle. Das Wort „Shine" verfügt durch den hellen Vokal „i" über einen deutlich schöneren Klang als die deutsche Entsprechung „Strahlen" und bleibt somit im Kopf der Kundinnen.

Diese Internationalität findet sich auch in Produkten der Firma Dove (Werbeplakat links), welche mit Anglizismen betitelt werden. So weckt die „Dove Sunshine Body Lotion" ein Gefühl von Weltoffenheit. Kundinnen könnten denken: Sehe ich durch die „Lotion" wie frisch gebräunt aus dem Auslandsurlaub aus?

Genau wie Heidi Klum möchte die Firma Schwarzkopf (Werbeplakat oben) durch Produktnamen wie „GLISS KUR Asia Beauty" der Kundin verdeutlichen, dass diese auf Trendbewusstsein und vor allem, zusätzlich durch den Begriff „Asia" verdeutlicht, Weltoffenheit und auch **Internationalität** setzt.

Zudem verspricht der Anglizismus „Repair-Pflege" sowohl Pflege als auch Reparatur geschädigter Haare. Diese Kombination ist leicht verständlich und klingt schöner als „Reparatur und Pflege". Zudem assoziiert man mit Reparatur Gegenstände als Haare.

Genau wie die Firmen John Frieda, Nivea und Garnier versucht Schwarzkopf durch den englischen Slogan „Professional Hair Care for you" technischen Fortschritt und Internationalismus auszudrücken. Schwarzkopf möchte sich als international erfolgreiche und angesehene Firma präsentieren.

Darüber hinaus wird der Internationalismus durch die **Assoziation** des Begriffes „Asia" mit gepflegtem Frauenhaar bestärkt. Besonders diese Internationalität gibt der Kundin neben Trendbewusstsein ein Gefühl von Sicherheit, denn der Handel auf internationaler Ebene und die Vielzahl von Abnehmerinnen bestärken, dass das angebotene Produkt als wirksam und bewährt wahrgenommen wird.

Genauso wie Schwarzkopf arbeitet auch DKNY (Werbeplakat unten) mit **Assoziationen** und einem Wortspiel, welches nur durch den gebrauchten Anglizismus möglich ist. Das Parfum, beworben mit dem englischen Slogan „Be delicious", erinnert an den Apfel „Golden Dilicious". Dieser ähnelt durch seine grüngelbe Farbe der Abbildung des Parfums im Bild. Möglicherweise wird versucht, durch den Slogan den süßaromatischen Geschmack des Apfels auf den vermeintlich süßen Duft des Parfums zu übertragen. Außerdem klingt „Be delicious" ansprechender als „Sei delikat" und weckt in der Kundin Sehnsüchte nach Glanz, Glamour und angesagten Trends. Außerdem könnte man durch das Bild Verführung mit dem Parfüm verbinden, da auch Eva einen Apfel vom verbotenen Baum pflückte.

Auch Schwarzkopf Schauma (Werbeplakat oben) gebraucht Anglizismen als **Assoziationen**.
Die Firma bewirbt ihr Produkt mit dem Anglizismus „Push-Up Volumen Shampoo", wobei
der Ausdruck „Push-Up" als Assoziation verwendet wird. Der Begriff, mit welchem viele
junge Frauen zuerst den gleichnamigen BH assoziieren, welcher auch im Bild dargestellt ist,

wird auf das Shampoo angewendet. So verbindet eine Kundin die vergrößernde Wirkung des BHs mit dem Shampoo, welches Volumen verspricht.

Zuletzt wird auch **Vorteilhaftigkeit** durch Anglizismen in der Produktwerbung ausgedrückt. Betrachtern des Werbeplakates für die Tagespflegeprodukte der Firma Olaz (Werbeplakat oben) fällt sofort der Begriff „Multi-Tasker" im Werbeslogan auf. Mit diesem Anglizismus kann ein impulsives, schnelllebiges Lebensgefühl assoziiert werden wie der Beruf eines Managers oder eben auch der einer Fernsehmoderatorin wie die auf dem Plakat abgebildete Frauke Ludowig. Außerdem wird Multitasking als durchaus positive Eigenschaft angesehen, die **Erfolg** verspricht. Auch diese Aussage wird unterstützt durch die Abbildung der berühmten und erfolgreichen Frauke Ludowig. Kundinnen nehmen das Produkt als vielseitig und vielversprechend wahr. Bestärkt wird dies durch die Tatsache, dass der englische Begriff „Multi-Tasking" um einiges kürzer und aussagekräftiger als seine deutsche Entsprechung im Lexikon der Fremdwörter „zeitgleiches Arbeiten an mehreren Aufgaben".

Erneut tragen die Produkte Namen mit Anglizismen wie „Touch of Foundation" oder „Olaz Total Effects", was den technischen Fortschritt hervorheben soll. Aber auch in Bezug auf das Alter der Zielperson, wahrscheinlich Kundinnen ab vierzig Jahren, soll durch den Kauf und Gebrauch der mit Anglizismen betitelten Produkte **Jugendlichkeit** und Modernität vermittelt werden. Viele Personen über vierzig Jahre verfügen über keine oder unzureichende Englischkenntnisse, lediglich für jüngere Generationen ist die Sprache zugänglich. Das bestärkt ihr Streben nach modernen Produkten, die in Englisch beworben werden.

Jugendlichkeit wird ebenfalls von Produkten der Firma Maybelline Jade verkörpert. Die Firma bewirbt ihre Produkte mit Anglizismen wie „Volum' Express Colossal Cat Eyes". Hierbei steht wieder das Trend- und Modebewusstsein im Vordergrund. Wer möchte nicht wunderschöne Katzenaugen besitzen? Doch wer kauft Wimperntusche mit dem Namen „Volumen wie kolossale Katzenaugen in kurzer Zeit"? Hier bewirken Anglizismen neben Trendbewusstsein auch eine Veränderung der Assoziation. Katzenaugen werden gewöhnlich als schön, aber nicht unbedingt in Verbindung mit Wimperntusche wahrgenommen. Stattdessen werden sie oft mit dem Haustier oder dem Fahrrad in Verbindung gebracht, während „Cat Eyes" mit voluminösen und ausdrucksstarken Wimpern assoziiert werden können. Das Wort Katzenaugen erhält durch seine, wenn auch exakte und sinngemäße Übersetzung, eine neue Bedeutung.

Schlussfolgerung

Auf die Frage, welche Auswirkungen der häufige Gebrauch von Anglizismen in der deutschen Werbesprache für Kosmetikprodukte auf unser Denken und unsere Wahrnehmung hat, lässt sich zunächst sagen, dass wir **unbewusste Beeinflussung** durch unser soziales Umfeld erfahren. Von Eltern, von denen wir das Sprechen erlernen, übernehmen wir unbewusst Anglizismen. Später kopieren wir unbemerkt Anglizismen von Freunden, Arbeitskollegen oder Lehrern, wobei wir Anglizismen als Verbindung und Anpassung zu diesen Personen wahrnehmen. Besonders intensiv werde wird unser Denken und unsere Wahrnehmung durch Anglizismen in Medien beeinflusst. Durch die häufige Verwendung von im Fernsehen gezeigten realitätsnahen Situationen und im Unterbewusstsein wahrgenommenes Radioprogramm beeinflusst unser Denken insofern, dass wir glauben, der Gebrauch von Anglizismen sei ausschlaggebend, um dem Zeitgeist zu entsprechen und Zusammengehörigkeit zu unserer Gesellschaft zu markieren.

Hingegen erfahren wir **bewusste Beeinflussung** durch die Politik, in der verwendete Anglizismen uns Vertrautheit, Modernität und Volksnähe vermitteln. Aber auch Gefühle wie Toleranz gegenüber anderen Kulturen und deren Sprache sowie auch Verbindungen zwischen Völkern wie Deutschland und der USA bewirken Anglizismen. Zudem verwenden wir Anglizismen bewusst, um ein Prestigegefühl zu erhalten und uns Freunden oder Vorgesetzten überlegen fühlen zu können. Wir glauben, sie durch Weltoffenheit, Bildung und Zugehörigkeit zu einer höheren sozialen Schicht beeindrucken zu können.

Zuletzt üben Hersteller verschiedener Konsumgüter (in meinem Beispiel Kosmetikprodukte) mit der Intention, uns zum Kauf der angepriesenen Güter zu bewegen, **gezielte Beeinflussung** durch Anglizismen auf uns aus. Wenn Anglizismen in einem Werbetext verwendet worden sind, nehmen wir ein Kosmetikprodukt oft als technisch fortschrittlich war. Wir versprechen uns neue Technologien von dem Produkt, da wir durch den Gebrauch englischer Wörter vermuten, dass es in einer englischsprachigen, wirtschaftlich erfolgreichen Nation wie den USA produziert wurde.

Außerdem verbinden wir Anglizismen in der Werbung für Kosmetikgüter mit der Amerikanisierung, dem Streben nach Erreichen des „American Dream", einem unbeschwerten und trendbewussten Lebensstil und somit auch mit Internationalität. Dagmar Schütte bestätigt, dass Produkte in Werbetexten und Slogans, die zu 50-60% aus Anglizismen bestehen, mit den Eigenschaften teuer, modern und elegant beschrieben werden. Hingegen finden sich in Werbetexten, die die Eigenschaften Tradition und Natürlichkeit vermitteln, nur 26% entlehnte Begriffe[23].

Hilfreich sind Anglizismen bei der Gestaltung von Assoziation und Wortspielen, die in deutscher Sprache vielleicht nicht möglich wären. Auch sollen Anglizismen erreichen, dass wir uns jung fühlen bei der Verwendung von Kosmetikprodukten. Jedoch sollte beachtet werden, dass häufig unverständliche Anglizismen Kundinnen verunsichern statt überzeugen.

---

[23] Schütte, Dagmar: Das schöne Fremde, Anglo-amerikanische Einflüsse auf die Sprache er deutschen Zeitschriftenwerbung. Opladen: Westdeutscher Verlag 1996. S.304, 305.

So lässt sich sagen, uns unseren Träumen, zu denen unter anderen gehört als trendbewusst, gebildet und anderen Personen übergeordnet aufzutreten, näherbringen sollen. Stark beeinflusst werden wir dabei durch die Produktwerbung.

Anhang A: Bibliographie

Monographien:

1) Bußmann, Hadumod: Lexikon der Sprachwissenschaft. 2. Auflage. Stuttgart: Kröner 1990.

2) Doeppner, Kathrin: Anglizismen in der deutschen Sprache. Seminararbeit. 1. Auflage. München und Ravensburg: GRIN Verlag 2007.

3) Drosdowski, Günther: DUDEN Das große Wörterbuch der deutschen Sprache Band 1: A-Ci. Völlig neu bearb. Aufl. Mannheim: Bibliographisches Institut 1976.

4) Roelcke, Thorsten: Geschichte der Deutschen Sprache. 1. Auflage. München: Verlag C. H. Beck 2009.

5) Schütte, Dagmar: Das schöne Fremde. Anglo-amerikanische Einflüsse auf die Sprache der deutschen Zeitschriftenwerbung. 1. Auflage. Opladen: Westdeutscher Verlag 1996.

6) Stedje, Astrid: Deutsche Sprache gestern und heute. 2. Auflage. München: Wilhelm Fink Verlag1994.

7) Wahrig, Gerhard: Deutsches Wörterbuch. Völlig neu überarbeitete Auflage. München: Mosaik Verlag 1986.

8) Zabel, Hermann: Denglisch, nein danke! 1. Auflage. Paderborn: IFB Verlag, 2001.

9) Zürn, Alexandra: Anglizismen im Deutschen. 1. Auflage. Karlsruhe: Universität Karlsruhe Dissertation 2001.

Internetseiten:

1) John Frieda
www.horizont.net/kreation/radio/pages/protected/show.php?timer=0&params=&id=63584
(abgerufen am 21.12.2012)

2) Garnier
www.horzizont.net/standpunkt/spiesseralfons/pages/protected/pics/1259-org.jpg
(abgerufen am 21.12.2012)

3) Nivea Hair Care

www.2c-media.de/referenzen/referenzen/fitness-
company/images/plakat_nivea.jpg
(abgerufen am 21.12.2012)

4) Heidi Klum Shine
   www.mode.net/wp-content/uploads/2011/06/heidi-klum-shine-duft.jpg
   (abgerufen am 21.12.2012)

5) Dove Sunshine Body Lotion
   www.sportshop-direct.de/ebay/poster/allerlei/dove-4frauen.jpg
   (abgerufen am 21.12.2012)

6) Schwarzkopf Sayonara
   www.horizont.net/standpunkt/spiesseralfons/pages/protected/pics/artikelVoll-
   978-org.jpg
   (abgerufen am 21.12.2012)

7) DKNY
   www.scent-sation.co.uk/images/be_delicious_poster.jpg
   (abgerufen am 21.12.2012)

8) Schwarzkopf Schauma Push-Up Volumen Shampoo
   www.horizont.net/kreation/pages/pics/original/print/78903.jpg
   (abgerufen am 21.12.2012)

9) Olaz Touch of Foundation
   www.horizont.net/kreation/pages/pics/olaz-56340.jpg
   (abgerufen am 21.12.2012)

10) Maybelline Jade New York
    www.alias-werbung.com/typo3temp/pics/0780c1f60f.jpg
    (abgerufen am 21.12.2012)

Anhang B: Statistisches Material zur geführten Umfrage

Titel der Umfrage: Verwendung von Anglizismen im Alltagvon Personen ab einem Alter von 15 Jahren mit einem besonderen Fokus auf die Altersgruppe der 15-25-jährigen

Zeitraum der Erhebung: 12.12.2011 bis 14.01.2012

Dauer der Erhebung: 34 Tage

Anzahl der Befragten: 294 Personen

Grundgesamtheit: Personen in den folgenden Alterskategorien:

15-25 Jahre (119 Befragte)

26-35 Jahre (19 Befragte)

36-45 Jahre (38 Befragte)

46-55 Jahre (40 Befragte)

56-65 Jahre (36 Befragte)

älter als 65 Jahre (42 Befragte)

Merkmale und Ausprägung: Situationen, in den Anglizismen verwendet werden

- Werbung
- Bildung/Beruf
- Radio
- Fernsehen
- Freizeit

Bewusstsein über den täglichen Gebrauch von Anglizismen

- Bewusstsein
- Unsicherheit
- Unbewusstheit

Einschätzung des Gebrauches von Anglizismen

- 0-10 Wörter
- 11-20 Wörter
- 21-30 Wörter
- 31-40 Wörter
- 41-50 Wörter
- mehr Wörter

Empfindung vom Gebrauch von Anglizismen

3

- positive Empfindung
- Gleichgültigkeit
- negative Empfindung

Soziales Umfeld, in dem häufig Anglizismen verwendet werden

- Beruf/Bildung
- Familie
- Sport
- Freunde

Verwendungsart von Anglizismen

- Mündliche Verwendung
- Schriftliche Verwendung

Fragebogen für die Facharbeit in Deutsch, International Baccalaureate Profil, Hermann-Böse-Gymnasium Bremen

Fragebogen zum Thema Anglizismen

Definition von Anglizismen = In der deutschen Sprache verwendete englische Wörter

Allgemeine Daten

Alter: 0 15-25   0 26-35   0 36-45   0 46-55   0 56-65
                0 älter

Geschlecht: 0 männlich   0 weiblich

Nationalität: _____

Familienstand: 0 ohne Kinder   0 mit Kindern (0 10-15, 0 16-20jährig, 0 älter/jünger)

Bildungsgrad: 0 Gymnasium   0 Realschule   0 Haupt-/Sekundarschule

                0 kein Abschluss   0 Universitäts-/Hochschulabschluss

Tätigkeit: 0 berufstätig   0 Studium   0 Schule   0 Ausbildung

1. **In welchen Situationen treffen Sie auf Anglizismen?**
0   Werbung   0 Bildung/Beruf   0 Radio   0 Fernsehen   0 Freizeit
0   Sonstige: _____
2. **Sind Sie sich der Anzahl Ihrer täglich gebrauchten Anglizismen bewusst?**
0 ja, auf jeden Fall   0 ich bin mir unsicher   0 nein, bin ich nicht
3. **Wie schätzen Sie den Umfang Ihres Gebrauches ein?**
0   0-10 0 11-20   0 21-30   0 31-40   0 41-50   0 mehr
4. **Ihr Gesprächspartner verwendet viele Wendungen wie „cool",
„einscannen" oder „Airport". Wie empfinden Sie das?**
0 geeignet, sehr gut 0 gleichgültig, mich stört es nicht   0 weniger gut,
abstoßend
5. **A) In welchem sozialen Umfeld verwenden Sie häufig Anglizismen?**
    0 Beruf/Bildung   0 Familie   0 Sport   0 Freunde

    B) Somit verwenden Sie Anglizismen eher 0 mündlich **oder eher** 0
schriftlich.

Angaben zu den Befragten: Zusammensetzung der Alterskategorie der 15- bis 25-jährigen:

71 Befragte sind weiblich, 48 männlich

107 sind deutsch, 12 anderer Nationalität

107 besuchen dieSchule

6 der 119 Personen haben Kinder

eine Mehrzahl von 105 Befragten arbeitet am oder besitzt einenGymnasialabschluss

Zusammensetzung der Alterskategorie der 26- bis 35-jährigen:

13 weiblich; 6 männlich

alle 19 Befragten sind deutsch

alle bis auf eine studierende Person sind berufstätig

11 der 19 Befragten haben Kinder

eine Mehrzahl von 11 Befragten verfügt über einen Realschulabschluss

Zusammensetzung der Alterskategorie der 36- bis 45-jährigen:

24 weiblich, 14 männlich

37 deutsch und 1 Person anderer Herkunft

alle bis auf zwei studierende Personen sind berufstätig

26 Befragte haben Kinder

eine Mehrzahl von 22 Befragten verfügt über einen Hochschul- oder Gymnasialabschluss, 12 haben einen Realschulabschluss

Zusammensetzung der Alterskategorie der 46- bis 55-jährigen:

17 männlich, 23 weiblich

39 deutsch und 1 Person anderer Herkunft

alle bis auf zwei sich in der Ausbildung befindende Personen sind berufstätig

35 haben Kinder

eine Mehrzahl von 17 Befragte verfügt über eine höhere Bildung
12 Personen haben einen Realschulabschluss

Zusammensetzung der Alterskategorie der 56- bis 65-jährigen:

15 männlich, 21 weiblich

34 deutsch und 2 Ausländer

neben 17 Berufstätigen befinden sich 16 Personen in der Rente

29 haben Kinder

eine Mehrzahl von 22 verfügen über einen Hauptschulabschluss

Zusammensetzung der Alterskategorie der Personen über 65:

13 männlich und 29 weiblich

40 deutsch und 2 Ausländer

36 Personen befinden sich in Rente

35 haben Kinder

26 haben einen Hauptschulabschluss

Alter: *Eine   Untersuchung, inwiefern Unterschiede im Umgang mit und Gebrauch von Anglizismen aufgrund des Alters bestehen*

Situationen

Fragestellung: In welchen Situationen treffen Sie auf Anglizismen?

15-25 Jahre: 61% kreuzten alle Bereiche an, 92% kreuzten mehr als eine Antwort an

26-35 Jahre: 42% kreuzten alle Bereiche an, 84% kreuzten mehr als eine Antwort an

36-45 Jahre: 63% kreuzten alle Bereiche, 95% kreuzten mehr als eine Antwort an

46-55 Jahre: 60% kreuzten alle Bereiche an, 95% kreuzten mehr als eine Antwort an

7

56-65 Jahre: 44% kreuzten alle Bereiche an, 86% kreuzten
mehr als einen Bereich an

Älter als 65 Jahre: 24% kreuzten mehr als eine Antwort an,
90% kreuzten mehr als einen Bereich an

Es ist eine kontinuierliche Abnahme der Befragten, die alle
Situationen ankreuzten, im Verhältnis zum ansteigenden Alter
zu erkennen. So wählten 61% der Personen im Alter von 15 bis
25 Jahre alle Situationen, in denen ihnen Anglizismen begegnen,
während es nur 44% der 56- bis 65-jährigen und 24% der
Personen älter als 65 Jahre taten.

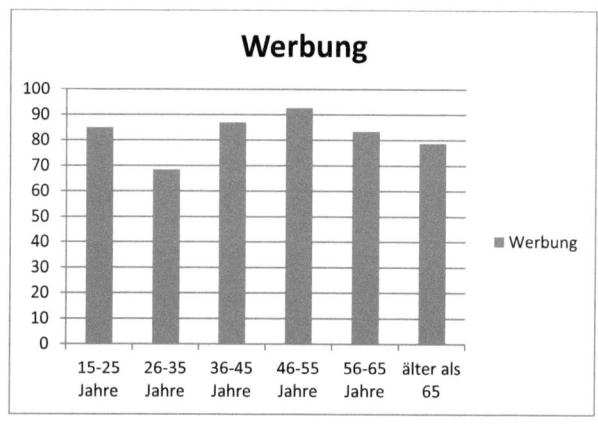

15-25 Jahre	26-35 Jahre	26-45 Jahre	46-55 Jahre	56-65 Jahre	älter als 65
84,873%	68,421%	86,842%	92,5%	83,333%	78,571%

Bei der Werbung zeigt sich deutlich, dass alle Altersgruppen zu
einem hohen Anteil Anglizismen in Produkt- und
Dienstleistungswerbung vorfinden. Unter den 46- bis 55-
jährigen gaben sogar rund 92,5% der Befragten an, dass sie
Anglizismen vorfinden würden. Altersbedingte Unterschiede
ließen sich nicht direkt ausmachen, da alle Altersgruppen
gleichermaßen auf Anglizismentreffen.

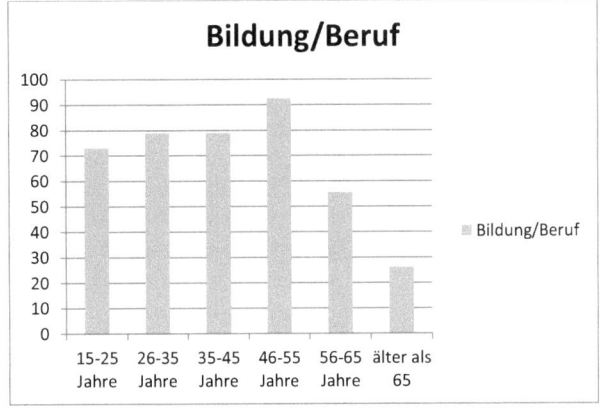

15-25 Jahre	26-35 Jahre	26-45 Jahre	46-55 Jahre	56-65 Jahre	älter als 65
73,109%	78,947%	78,947%	92,5 %	55,555%	26,19 %

Das Vorfinden von Anglizismen in Bildung und Beruf lässt sich wie folgt beschreiben: Die Wahrnehmung von Anglizismen im Berufsleben steigt bis zum Alter von 46 bis 55 Jahren, dem üblichen Höhepunkt der Karriere, an. Darauf fallen die Werte drastisch. Das hängt damit zusammen, dass Personen ab 56 Jahren vermehrt beginnen, aus dem Berufsleben auszusteigen. Das könnte sowohl aus Krankheiten als auch mit dem Eintritt in die Rente ab 68 Jahren resultieren.

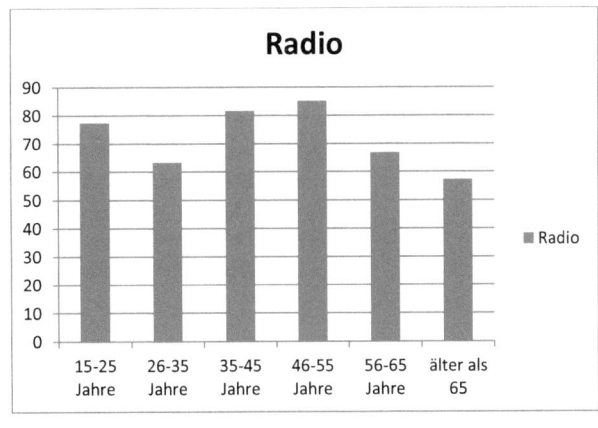

15-25 Jahre	26-35 Jahre	26-45 Jahre	46-55 Jahre	56-65 Jahre	älter als 65

77,31%	63,157%	81,578%	85,0%	66,666%	57,14 2%

Auch hier lässt sich feststellen, dass Personen bis 55 Jahre viele Anglizismen im Radio wahrnehmen. Das könnte an der Tatsache liegen, dass Personen unterschiedlichen Alters auch unterschiedliche, auf ihr Alter zugeschnittene Radioprogramme hören. Sicherlich sind in Radiosendern wie „Energy Bremen" oder „Bremen 4", welche besonders ein junges Publikum ansprechen und Modernität sowie Trendbewusstsein verkörpern möchten, mehr Anglizismen zu finden als in „NDR 1".

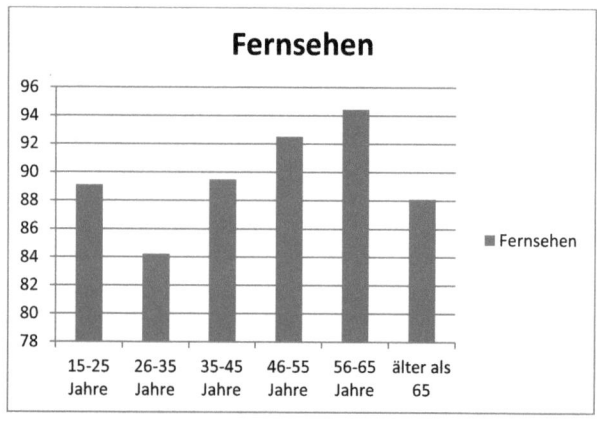

15-25 Jahre	26-35 Jahre	26-45 Jahre	46-55 Jahre	56-65 Jahre	älter als 65
89,075 %	84,21%	89,473 %	92,5%	94,444%	88,095%

Die Wahrnehmung von Anglizismen im Fernsehen ist sehr unterschiedlich geprägt. Alle Altersgruppen nehmen relativ viele Anglizismen im Fernsehen wahr. Selbst 88,095% der Befragten älter als 65 gaben an, viele Anglizismen im Fernsehen vorzufinden. Die Wahrnehmung ist bei Personen im Alter von 56 bis 65 Jahren am höchsten, was möglicherweise daraus resultieren könnte, dass diese durch das Nicht-Verstehen von Anglizismen auch die Werbebotschaft oder den Sinn einer Aussage nicht verstehen können.

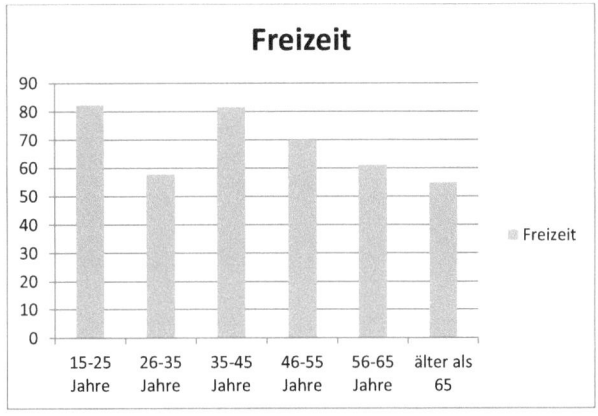

15-25 Jahre	26-35 Jahre	26-45 Jahre	46-55 Jahre	56-65 Jahre	älter als 65
82,352%	57,849%	81,578%	70,0%	61,111%	54,761%

In der Freizeit nehmen Jugendliche und junge Erwachsene die meisten Anglizismen wahr. Im Sport, beim Musikhören oder bei Treffen mit Freunden, in denen auch das zu vermittelnde Prestigegefühl eine Rolle spielt, glauben sie, viele englische entlehnte Begriffe zu finden.

Man könnte mit Ausnahme des Einbruches in der Altersgruppe der 26- bis 35-jährigen eine starke negative Korrelation festmachen. Die Jugendlichen nehmen am meisten Anglizismen in der Freizeit wahr, doch mit Zunahme des Alters nehmen diese kontinuierlich ab. So gaben nur etwa 54% der Befragten über 65 Jahre an, dass sie Anglizismen in der Freizeit wahrnehmen.

Zusammenfassend lässt sich sagen, dass Personen am meisten Anglizismen in der Werbung wahrnehmen. In der Freizeit lässt sich eine starke negative Korrelation festmachen, im Fernsehen eine steigende unregelmäßige aber positive Korrelation. Auch zu vermerken ist, dass zumeist die Alterskategorie der 15- bis 25-jährigen viele Anglizismen in jeder Situation wahrnimmt.

Bewusstsein über den Gebrauch von Anglizismen

Fragestellung: Sind Sie sich der Anzahl Ihrer täglich gebrauchten Anglizismen bewusst?

Bewusstsein über den Gebrauch von Anglizismen (15-25 Jahre)

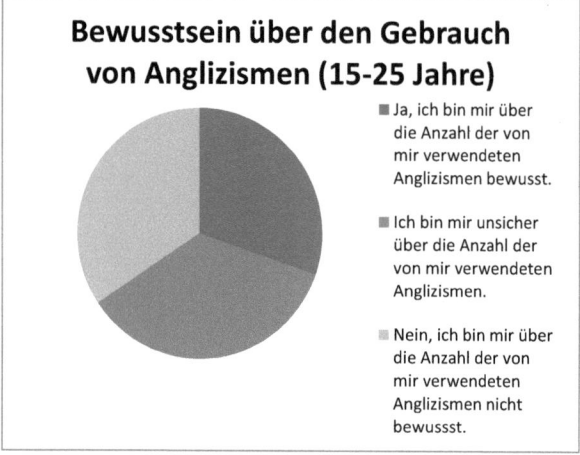

■ Ja, ich bin mir über die Anzahl der von mir verwendeten Anglizismen bewusst.

■ Ich bin mir unsicher über die Anzahl der von mir verwendeten Anglizismen.

■ Nein, ich bin mir über die Anzahl der von mir verwendeten Anglizismen nicht bewussst.

	ja	unsicher	nein
15-25 Jahre	30,251%	35,394%	34,453%

Erkennbar ist, dass sich Personen im Alter von 15 bis 25 Jahren nicht auf eine Antwort einigen können, jedoch können sie eher als unsicher und nicht bewusst über ihren Gebrauch von Anglizismen beschrieben werden.

Bewusstsein über den Gebrauch von Anglizismen (26-35 Jahre)

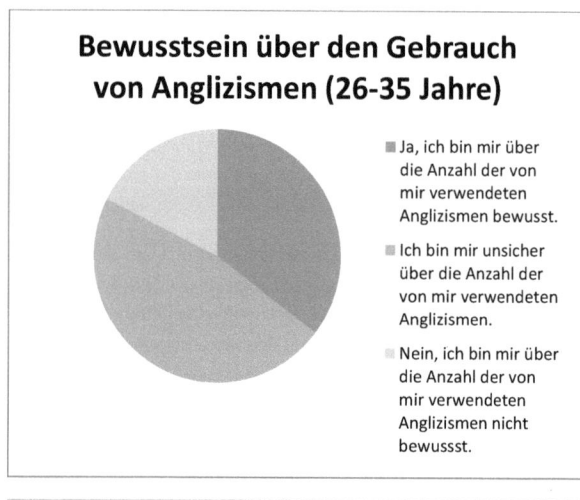

■ Ja, ich bin mir über die Anzahl der von mir verwendeten Anglizismen bewusst.

■ Ich bin mir unsicher über die Anzahl der von mir verwendeten Anglizismen.

■ Nein, ich bin mir über die Anzahl der von mir verwendeten Anglizismen nicht bewussst.

	ja	unsicher	nein
26-35 Jahre	31,578%	42,105%	15,784%

Eine Mehrzahl der Befragten im Alter von 26 bis 35 Jahren ist sich unsicher, ob sie sich über ihren Gebrauch von Anglizismen bewusst sind. Jedoch tendieren sie eher zu einem Bewusstsein ihrer Verwendung. Nur wenige Befragte dieser Alterskategorie können sind sich ihres Gebrauches unbewusst.

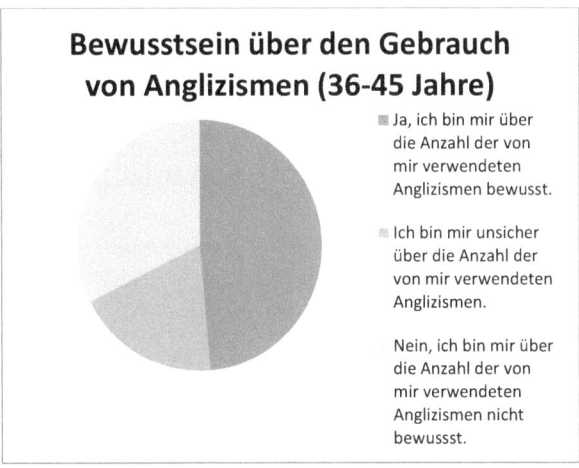

Bewusstsein über den Gebrauch von Anglizismen (36-45 Jahre)

■ Ja, ich bin mir über die Anzahl der von mir verwendeten Anglizismen bewusst.

■ Ich bin mir unsicher über die Anzahl der von mir verwendeten Anglizismen.

Nein, ich bin mir über die Anzahl der von mir verwendeten Anglizismen nicht bewusst.

	ja	unsicher	nein
36-45 Jahre	47,368%	18,421%	31,578%

Nahezu die Hälfte der Personen im Alter von 36 bis 45 Jahren ist sich ihres Gebrauches von Anglizismen bewusst. Gefolgt von rund einem Drittel der Befragten, denen ihre Verwendung nicht bewusst ist. Unsicherheiten treten selten auf.

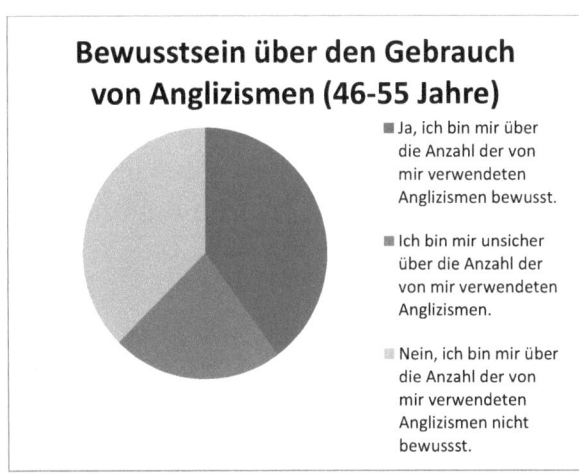

Bewusstsein über den Gebrauch von Anglizismen (46-55 Jahre)

■ Ja, ich bin mir über die Anzahl der von mir verwendeten Anglizismen bewusst.

■ Ich bin mir unsicher über die Anzahl der von mir verwendeten Anglizismen.

■ Nein, ich bin mir über die Anzahl der von mir verwendeten Anglizismen nicht bewusst.

	ja	unsicher	nein
46-55 Jahre	40,0%	22,5%	37,5%

Ähnlich wie Personen des Alters von 36 bis 45 Jahren, ist auch das Bewusstsein der Befragten im Alter von 46 bis 55 Jahren ausgeprägt. Eine Mehrzahl von 40% ist sich ihrer Verwendung bewusst, 37,5% sind sich dieser nicht bewusst und eine relativ kleine Gruppe der Befragten ist sich unsicher.

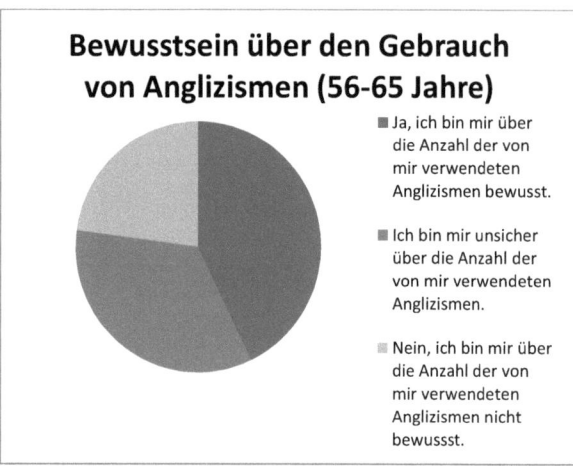

Bewusstsein über den Gebrauch von Anglizismen (56-65 Jahre)

- Ja, ich bin mir über die Anzahl der von mir verwendeten Anglizismen bewusst.
- Ich bin mir unsicher über die Anzahl der von mir verwendeten Anglizismen.
- Nein, ich bin mir über die Anzahl der von mir verwendeten Anglizismen nicht bewussst.

	ja	unsicher	nein
56-65 Jahre	41,666%	33,333%	22,222%

Auch hier lassen sich wieder Parallelen zu den beiden vorhergegangenen Alterskategorien finden. Die Mehrzahl der Befragten ist sich sicher über ihren Gebrauch von Anglizismen, ein Großteil ist verunsichert und eine Minderheit verneint ihr Bewusstsein von dem Gebrauch von Anglizismen.

Bewusstsein über den Gebrauch von Anglizismen (älter als 65)

- Ja, ich bin mir über die Anzahl der von mir verwendeten Anglizismen bewusst.
- Ich bin mir unsicher über die Anzahl der von mir verwendeten Anglizismen.
- Nein, ich bin mir über die Anzahl der von mir verwendeten Anglizismen nicht bewussst.

	ja	unsicher	nein
älter als 65	38,095%	21,428%	38,095%

In der Alterskategorie der Personen von 65 Jahren und älter ist eine Ausgewogenheit zu erkennen. 38,095% der Befragten sind sich über ihren Gebrauch von Anglizismen bewusst. Eine ebenso große Anzahl zeigt, dass sie sich dessen nicht bewusst ist. Ein Fünftel der Befragten ist unsicher.

Zusammenfassend lässt sich sagen, dass bei Jugendlichen und jungen Erwachsenen im Alter von 15 bis 25 Jahren zunächst eine Ausgewogenheit herrscht. Es sind weder klare Trends zum Bewusstsein oder Unbewusstsein zu erkennen. Die Meinungen könnten so unterschiedlich ausgefallen sein, da diese Generationen unterschiedlich im Umgang mit Medien aufgewachsen ist. Einige genossen eine sehr medienbetonte Entwicklung, durch die viele Anglizismen transportiert wurden, andere wiederum hatten weniger mit Anglizismen zu tun.

Hingegen überwiegt die Unsicherheit und Skepsis in der Verwendung von Anglizismen bei den 26 bis 35 Jahre alten Personen. Auch ist ein Trend zum Bewusstsein über den Gebrauch entlehnter Begriffe zu erkennen. Sicherlich hält sich diese auch noch junge Altersgruppe für erfahrener als die 15- bis 25-jährigen, viele gründeten bereits eine Familie und vertreten die Meinung, dass sie nun verantwortungsbewusst und vorbildlich handeln müssen, was auch der Trend zum Bewusstsein über die Verwendung von Anglizismen ausdrückt.

Dieses Bewusstsein über den Gebrauch von Anglizismen baut sich weiterhin im Alter von 36 bis 45 Jahre aus. Da ist es fast die Hälfte der Befragten, die sich ganz sicher über ihre Verwendung ist. Ähnliche Werte sind auch bei Befragten im Alter von 46 bis 55 Jahren und von 56 bis 65 Jahren zu beobachten. Diese Wertenäherung könnte aus denverhältnismäßig geringen Unterschieden in der geistigen Entwicklung von 36 bis 65 Jahren resultieren. Die geistigen Unterschiede eines 36-jährigen verglichen zu einem 45-jährigen sind deutlich geringer als die eines 15-jährigen zu einem 25-jährigen, obwohl die Anzahl der Jahre dieselbe ist.

Zuletzt lässt sich über das Bewusstsein über die Verwendung von Anglizismen der Personen, die über 65 Jahre alt sind, aussagen, dass die Unsicherheit relativ gering ist. Es zeichnet sich eine deutliche Entschlossenheit aus, möglicherweise beruhend auf der Lebenserfahrung, die Personen dieses Alters bereits gesammelt haben. Allerdings geht auch hier die Schere zwischen Bewusstsein und Unbewusstsein weit auseinander, sie gleicht sich exakt.

Einschätzung

Fragestellung: Wie schätzen Sie den Umfang Ihres Gebrauches ein?

0-10	11-20	21-30	31-40	41-50	mehr
18	19	18	17	9	19

Zur Verwendung von Anglizismen im Alltagsleben der Personen im Alter von 15 bis 25 Jahre lässt sich sagen, dass kein klarer Trend in der Auswertung der Fragebögen zu erkennen ist. Alle Werte bis auf einen Einbruch in der Wertekategorie von 41-50 Wörtern liegen nah an 20%. Das könnte daran liegen, dass die befragten Personen Schwierigkeiten hatten, sich selbst einzuschätzen oder dass eine so unterschiedlich große Verwendung von Anglizismen in ihrer Alterskategorie vorherrscht.

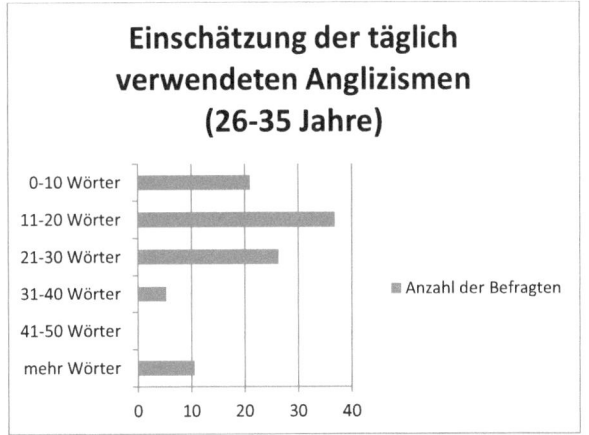

Einschätzung der täglich verwendeten Anglizismen (26-35 Jahre)

0-10	11-20	21-30	31-40	41-50	mehr
21	37	27	5	0	11

Zur Verwendung von Anglizismen im Alltagsleben von Personen im Alter von 26 bis 35 Jahren kann gesagt werden, dass Personen dieser Altersklasse die Meinung vertreten, eher weniger Anglizismen zu verwenden, was die hohen Prozentsätze in den Kategorien von null bis dreißig Wörter beweisen.

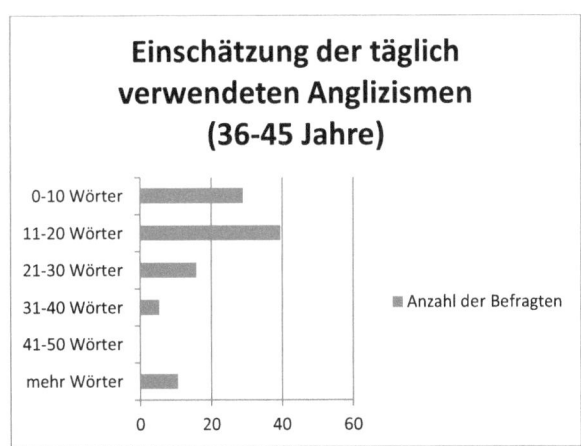

Einschätzung der täglich verwendeten Anglizismen (36-45 Jahre)

0-10	11-20	21-30	31-40	41-50	mehr
29	39	16	5	0	11

Zur Verwendung von Anglizismen im Alltagsleben von Personen von 36 bis 45 Jahren kann berichtet werden, dass eine Mehrzahl von 39,473 % ihre Verwendung von entlehnten Begriffen aus der englischen Sprache auf etwa 10 bis 20 täglich

17

gebrauchte Begriffe schätzt. Ebenso schätzt aber auch eine
große Anzahl der Befragten, 28,947%, ihren
Anglizismengebrauch auf null bis zehn Begriffe pro Tag.
Weniger Personen denken, dass sie mehr als zwanzig
Anglizismen am Tag verwenden. Personen im Alter von 35 bis
45 Jahre schätzen ihren Gebrauch der Anglizismen eher gering
ein.

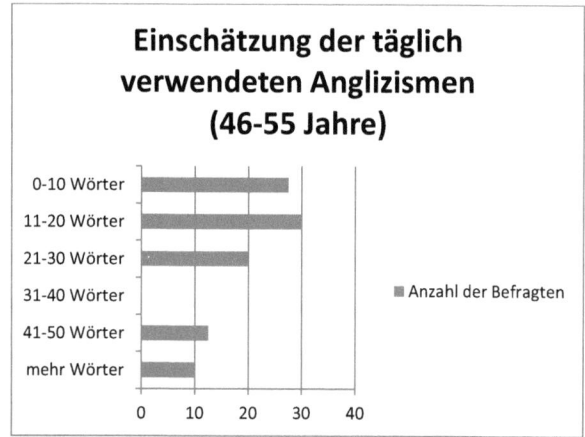

Einschätzung der täglich verwendeten Anglizismen (46-55 Jahre)

0-10	11-20	21-30	31-40	41-50	mehr
28	30	20	0	13	10

Zur Verwendung von Anglizismen im Alltagsleben von
Personen von 46 bis 55 Jahren kann berichtet werden, dass eine
Mehrzahl von 57,5% der Befragten ihre Verwendung von
Anglizismen im Bereich von null bis zwanzig täglich
gebrauchten Begriffen schätzt. Eher weniger Personen sind von
einer höheren Verwendung überzeugt.

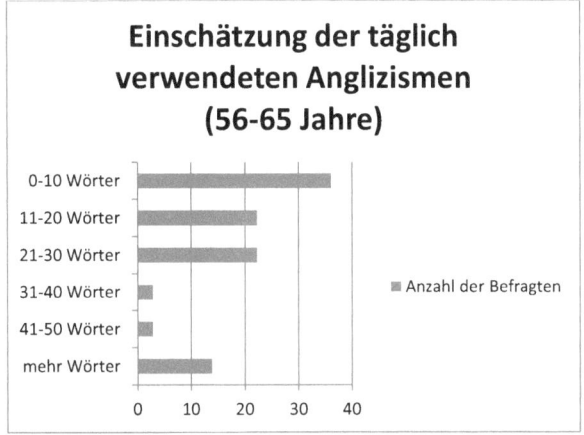

Einschätzung der täglich verwendeten Anglizismen (56-65 Jahre)

0-10	11-20	21-30	31-40	41-50	mehr
36	22	22	3	3	14

Zur Verwendung von Anglizismen im Alltagsleben von Personen im Alter von 56 bis 65 Jahren kann berichtet werden, dass ein Großteil der Befragten ihren Gebrauch von Anglizismen als sehr gering einschätzt. Dies drücken die hohen Prozentsätze besonders in der ersten aber auch in den zwei folgenden Kategorien aus.

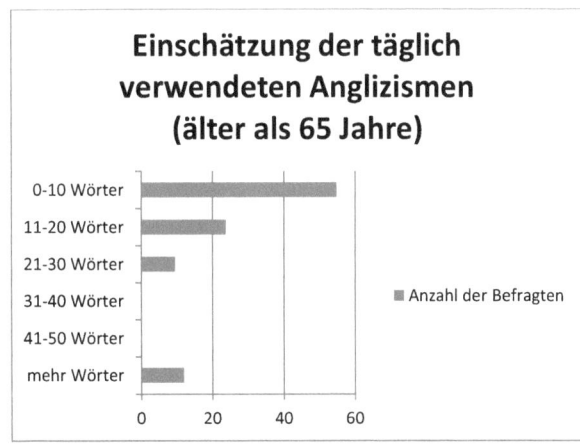

Einschätzung der täglich verwendeten Anglizismen (älter als 65 Jahre)

0-10	11-20	21-30	31-40	41-50	mehr
55	24	10	0	0	12

Zur Verwendung von Anglizismen im Alltagsleben von Personen im Alter von 66 Jahren und älter kann ein deutlicher Trend zum geringen Gebrauch von Anglizismen ausgemacht

19

werden. Über die Hälfte der Befragten, 54,761%, schätzen ihre Verwendung von Anglizismen als sehr gering bis gar nicht existent ein.

Auffällig zeigt sich hier auch, dass sich einige Befragte für die Verwendung von mehreren Wörtern entschieden haben, obwohl keine Personen die Kategorien „31-40 Wörter" und „41-50 Wörter" ankreuzten. Das lässt sich möglicherweise damit erklären, dass, wenn man der Auffassung ist, man verwendet viele Wörter, eher dazu tendiert „mehr Wörter" anzukreuzen, wenn man den Umfang des Gebrauches schlecht einschätzen kann.

Zusammenfassend lässt sich sagen, dass eine starke positive Korrelation vorherrscht. Mit der Zunahme des Alters tendieren Befragte dazu, ihren Gebrauch von Anglizismen als geringer einzuschätzen.

Empfindung

Fragestellung: Ihr   Gesprächspartner   verwendet   viele Wendungen   wie   „cool",   „einscannen"   oder   „Airport".   Wie empfinden Sie das?

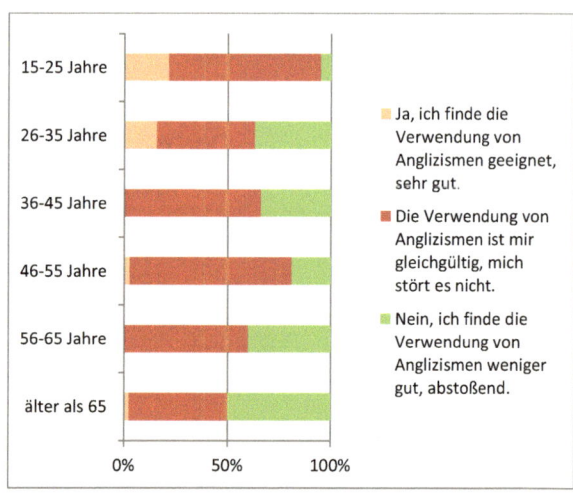

	15-25	26-35	36-45	46-55	56-65	älter als 65
geeignet	21,666	15,789	0	2,5	0	2,38
gleichgültig	73,333	47,368	46,315	72,5	58,333	47,619
abstoßend	5	36,842	23,684	17,5	38,888	50,0

Alle Angaben in %

Die Umfrage verdeutlicht, dass Anglizismen besonders in jüngeren Altersgruppen großen Zuspruch finden. Dies verdeutlichen die hohen Werte der Altersgruppen der 15- bis 25-jährigen und der 26- bis 35-jährigen.

Auch ist erkennbar, dass die jüngste Altersgruppe am wenigsten Anglizismen abstoßend findet, sondern dieses Verhalten stärker bei der Altersgruppe ab 65 Jahre ausgeprägt ist. Ganze 50% lehnen die Verwendung von Anglizismen vehement ab, 47,619% zeigen nur Toleranz und Gleichgültigkeit und nur 2,38% befürworten Anglizismen.

Im Allgemeinen ist eine stark negative Korrelation zu erkennen. Mit der Zunahme der Lebensjahre ist eine zunehmende Abneigung gegenüber Anglizismen zu beobachten.

Ähnlich verhält es sich mit der Empfindung, Anglizismen als weniger gut wahrzunehmen. Dort kann man eine positive Korrelation ausmachen. Bis auf einen Einbruch in der Altersgruppe der 46- bis 55-jährigen kann man davon sprechen, dass ein Anstieg des Alters auch bedeutet, dass Anglizismen zunehmend als weniger gut empfunden werden.

Soziales Umfeld, in welchem Anglizismen verwendet werden

Fragestellung: In welchem sozialen Umfeld verwenden Sie häufig Anglizismen?

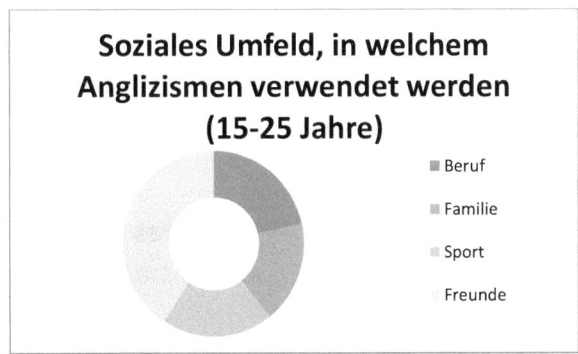

Beruf	Familie	Sport	Freunde
48,739%	40,336%	44,537%	91,596%

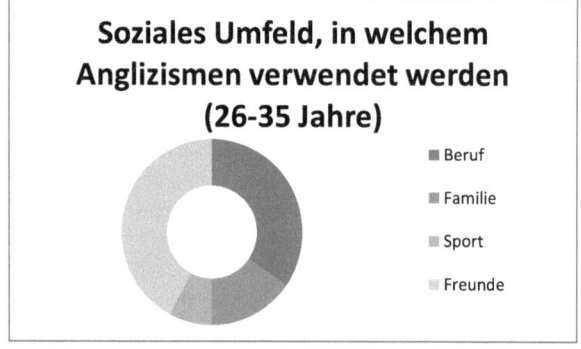

Beruf	Familie	Sport	Freunde
47,368%	21,052%	10,526%	57,894%

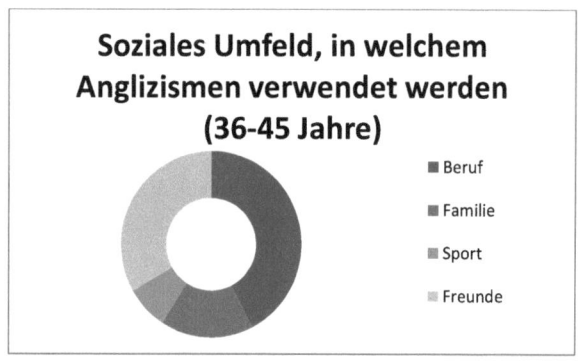

Beruf	Familie	Sport	Freunde
73,684%	28,947%	13,157%	50%

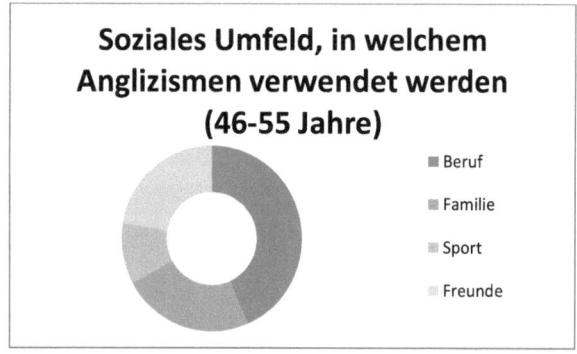

Beruf	Familie	Sport	Freunde
82,5%	45%	20%	42,5%

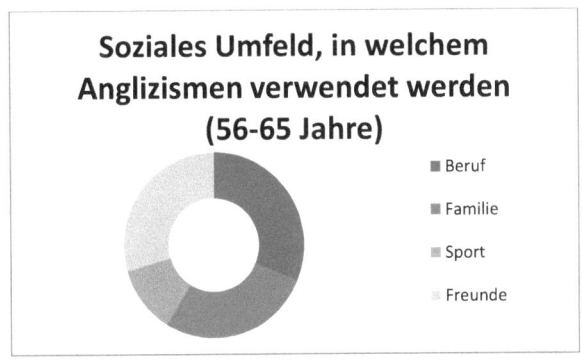

Soziales Umfeld, in welchem Anglizismen verwendet werden (56-65 Jahre)

- Beruf
- Familie
- Sport
- Freunde

Beruf	Familie	Sport	Freunde
44,444%	38,888%	16,666%	41,666%

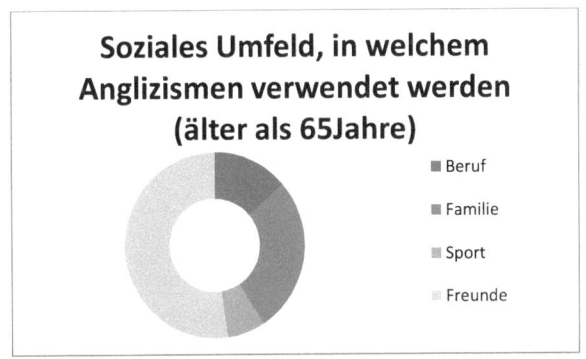

Soziales Umfeld, in welchem Anglizismen verwendet werden (älter als 65Jahre)

- Beruf
- Familie
- Sport
- Freunde

Beruf	Familie	Sport	Freunde
14,285%	28,571%	7,142%	54,761%

Da es den Befragten möglich war, mehrere Antworten anzukreuzen, wurde diese Möglichkeit oft genutzt und die Befragten gaben mehrere Stimmen ab. Das bedeutet wiederum, dass die Grafiken die Daten im Verhältnis zueinander präsentieren und die Zahlen der Wertetabelle die Anteile in Prozent der Gesamtheit der Befragten beschreiben. Des Weiteren enthielten sich einige Personen.

Zusammenfassend lässt sich sagen, dass in nahezu allen Alterskategorien die Befragten angaben, besonders viele Anglizismen im Umgang mit Freunde und im Berufsleben zu verwenden. Das könnte damit zusammenhängen, dass im Umgang mit Freunden das Prestigefühl verstärkt werden soll. Ebenso könnte es sich im Job verhalten, wenn man seinen Kollegen, seinem Vorgesetzten oder seiner Vorgesetzten imponieren möchte.

Verwendungsart

Fragestellung: Somit verwenden Sie Anglizismen eher mündlich oder eher schriftlich?

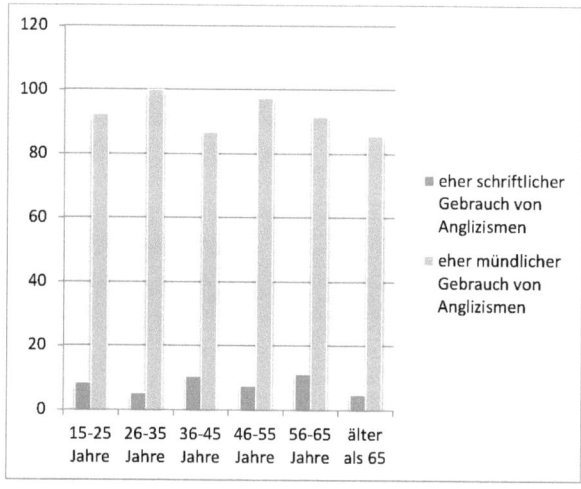

Daten zur mündlichen Verwendung:

15-25 Jahre	26-35 Jahre	36-45 Jahre	46-55 Jahre	56-65 Jahre	65 und älter
92,436%	100%	86,842%	97,5%	91,666%	85,714%

Daten zur schriftlichen Verwendung:

15-25 Jahre	26-35 Jahre	36-45 Jahre	46-55 Jahre	56-65 Jahre	65 und älter
8,403%	5,263 %	10,526%	7,5%	11,111%	4,761%

Erkennbar ist, dass alle Personen gleich welchen Alters Anglizismen überwiegend mündlich verwenden. Die schriftliche

Verwendung ist besonders in der Alterskategorie der 15- bis 25-jährigen, der 36- bis 45-jährigen und 56- bis 65-jährigen ausgeprägter. Ein Grund für die relativ hohe schriftliche Verwendung von Anglizismen der 15- bis 25-jährigen könnte die Verwendung dieser Begriffe in der Chatsprache sein.

Da es den Befragten möglich war, mehrere Antworten anzukreuzen, wurde diese Möglichkeiten auch einige Male genutzt und die Befragten gaben zwei Stimmen ab. Diese Tatsache führt zu einigen kleinen Ungereimtheiten in der Statistik. Des Weiteren enthielten sich auch einige Personen.

Bildungsgrad: *Eine Untersuchung, inwiefern Unterschiede im Umgang mit und Gebrauch von Anglizismen aufgrund des Bildungsgrades bestehen*

Befragte dieser Untersuchung wurden in die Kategorie „hoher Bildungsgrad" eingeteilt, wenn sie einen Universitäts-/Hochschulabschluss besitzen oder das Gymnasium besuchen. „Durchschnittlicher Bildungsgrad" beschreibt Personen im Besitz eines Realschulabschlusses und ein Hauptschulabschluss oder gar kein Abschluss beschreibt den „niedrigen Bildungsgrad".

Allerdings ist anzumerken, dass es eine Verschiebung in der Einteilung in Bildungsgrade gibt. Beispielsweise ist der Hauptschulabschluss einer 65-jährigen Person mit einem heutigen Realschulabschluss vergleichbar. Leider kann ich diese Limitation lediglich nennen. Ich habe sie nicht in meiner Umfrage berücksichtigt.

Bewusstsein

Fragestellung: Sind Sie sich Ihrer täglich gebrauchten Anglizismen bewusst?

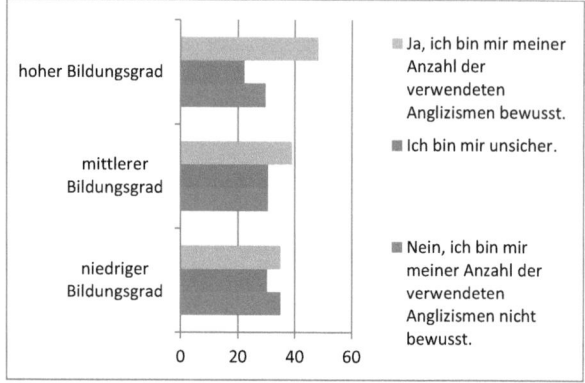

Es ist erkennbar, dass Personen mit einem hohen Bildungsgrad ein deutlich höheres Bewusstsein für ihren täglichen Gebrauch von Anglizismen zeigen. Das Bewusstsein für Anglizismen nimmt mit Abnahme des Bildungsgrades ab. So zeigen Personen ohne einen Abschluss oder nur mit einem Hauptschulabschluss ein nicht so deutlich ausgeprägtes Bewusstsein für ihren Gebrauch von Anglizismen.

Einschätzung

Fragestellung: Wie schätzen Sie den Umfang Ihres Gebrauches ein?

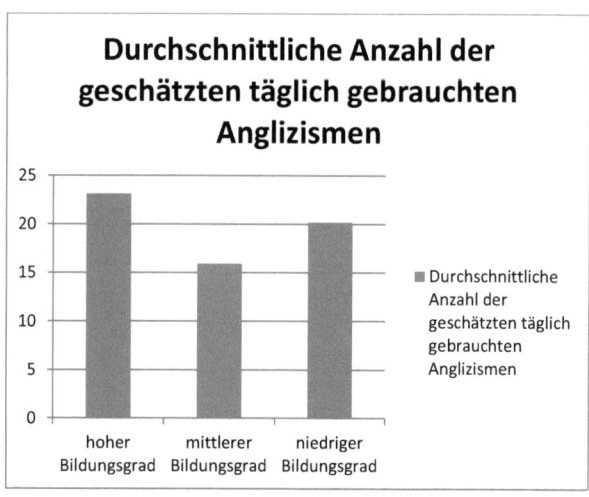

Erkennbar ist, dass Personen mit einem höheren Bildungsgrad die durchschnittliche Anzahl von gebrauchten Anglizismen als viel höher einschätzen. Möglicherweise sind sie eher in der Lage, einen Anglizismus als solchen zu erkennen als Personen mit einem mittleren oder niedrigen Bildungsabschluss, welche ihren Gebrauch viel geringer einschätzen.

Empfindung

Fragestellung: Ihr Gesprächspartner verwendet viele Wendungen wie „cool", „einscannen" oder „Airport". Wie empfinden Sie das?

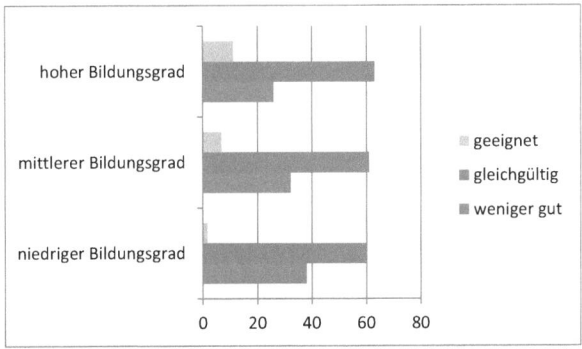

Hier zeigt sich besonders deutlich, dass Personen mit einem hohen Bildungsgrad die Verwendung von Anglizismen gutheißen und mit Abnahme des Bildungsgrades auch die Akzeptanz für Anglizismen abnimmt. Stattdessen nimmt das Gefühl zu, Anglizismen als weniger gut oder abstoßend zu finden.

Familienstand:

Eine Untersuchung, inwiefern Unterschiede im Umgang mit und Gebrauch von Anglizismen aufgrund des Familienstandes bestehen

In dieser Untersuchung wurden Meinungen der 15- bis 25-jährigen Personen nicht berücksichtigt, da nur eine Minderheit der Befragten Kinder hat.

In dieser Untersuchung werden Unterschiede und Gemeinsamkeiten zwischen Personen mit Kindern und Personen ohne Kinder in den Kategorien „Einschätzung des täglichen Gebrauches von Anglizismen", „Bewusstsein über die Anzahl der verwendeten Anglizismen" sowie „Empfindung über die Verwendung von Anglizismen" aufgezeigt.

Einschätzung des Gebrauches

Fragestellung: Wie schätzen Sie den Umfang Ihres Gebrauches ein?

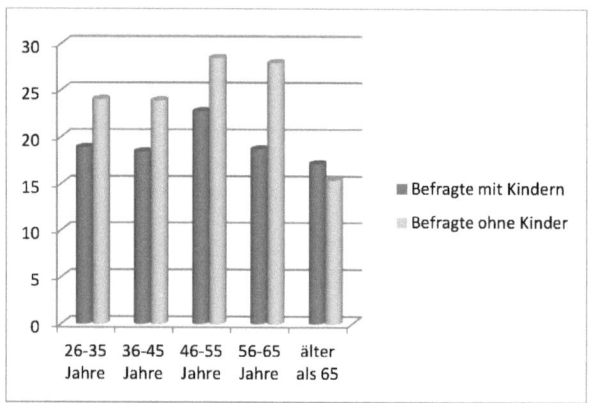

	mit Kindern	ohne Kinder
26-35 Jahre	19	24
36-45 Jahre	18	24
46-55 Jahre	23	28
56-65 Jahre	19	28
älter als 65	17	15

Angaben beschreiben gerundet die Wörter, die durchschnittlich am Tag verwendet werden

Anders als erwartet zeigt sich sogar, dass Personen nahezu jeden Alters ohne Kinder ihren Gebrauch von Anglizismen höher einschätzen als Personen mit Kindern. Meine Vermutung, dass Befragte mit Kindern sicherlich durch ihre Kinder mehr entlehnte Begriffe gewöhnt sind und diese dann auch verwenden, ist somit nicht bestätigt.

Bewusstsein

Fragestellung: Sind Sie sich der Anzahl Ihrer täglich gebrauchten Anglizismen bewusst?

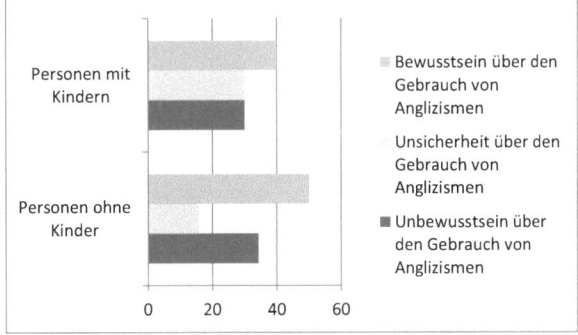

	Mit Kindern	Ohne Kinder
Bewusstsein	40,0%	50,000%
Unsicherheit	30,0%	15,789%
Unbewusstsein	30,0%	34,210%

Aufgrund dieser Untersuchung zeigt sich, dass Personen ohne Kinder ein größeres Bewusstsein über den Gebrauch von Anglizismen zeigen. Doch ebenfalls ist auch das Unbewusstsein über den Gebrauch von Anglizismen bei Personen ohne Kinder größer. Die Unsicherheit ist geringer als bei Personen mit Kindern.

Hingegen zeigen Befragte mit Kindern ein deutliches Bewusstsein für ihren Gebrauch von Anglizismen. Unsicherheit und Unbewusstsein stehen an selber, aber inferiorer Stelle.

Das verdeutlicht, dass kinderlose Befragte sehr sicher in ihrer Einschätzung des Anglizismengebrauches sind. Personen ohne Kinder hingegen zweifeln. Das könnte daran liegen, dass Personen mit Kindern Anglizismen nicht immer als solche erkennen, da sie diese wahrscheinlich schon von ihren Kindern gewöhnt sind.

Empfindung

Fragestellung: Ihr Gesprächspartner verwendet viele Wendungen wie „cool", „einscannen" oder „Airport". Wie empfinden Sie das?

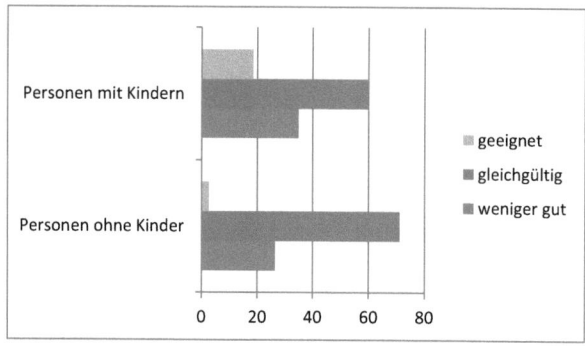

	mit Kindern	ohne Kinder
geeignet	18,421%	2,631%
gleichgültig	60,000%	71,052%
wenigergut	34,814%	26,315%

Hier zeigt sich sehr deutlich, dass Personen ohne Kinder sehr viel intoleranter und weniger gut der Verwendung von Anglizismen gegenüberstehen. Nur ein Bruchteil der Befragten mit Kindern empfindet Anglizismen als geeignet.

Rund ein Fünftel der Befragten mit Kindern gab wiederum an, Anglizismen als geeignet zu empfinden und zu akzeptieren. Dieses Verhalten könnte möglicherweise daraus resultieren, dass viele Väter und Mütter die Verwendung von Anglizismen durch ihre Kinder gewöhnt sind.

Limitationen: Meine wissenschaftliche Arbeit hätte dadurch verfälscht werden können, dass einige meiner Umfragebögen von Befragten kopiert wurden. Ich gab etwa 20 Fragebögen im ortsansässigen Altersheim zum Ausfüllen ab. Während ich diese Bögen bearbeitet habe, fiel mir auf, dass auf hintereinander befindenden Bögen exakt dieselben Antworten angekreuzt wurden. Bei genauerem Betrachten erkannte ich, dass schlechte Kopien eines einzelnen Bogens gemacht worden waren. Ich erklärte das kopierte Material für nicht relevant für meine Erhebung und vernichtete es.

Des Weiteren besteht das Problem, dass die Alterskategorie der 26- bis 35-jährigen Befragten nur mit 19 Personen vertreten ist. Das könnte die ermittelten Werte nicht repräsentativ machen.

Extended Essay

Auch ist anzumerken, dass es eine Verschiebung in der Einteilung in Bildungsgrade gibt. Beispielsweise ist der Hauptschulabschluss einer 65-jährigen Person mit einem heutigen Realschulabschluss vergleichbar.

Anhang C: Protokoll zum geführten Gespräch mit Herrn Prof. Dr. Ingo H. Warnke

Datum: **Donnerstag, 9. Februar 2012**

Ort: **Raum 390 im GW2 der Universität Bremen**

Zeitraum: **9:50-10:02 Uhr (12 Minuten)**

Herr Prof. Dr. Ingo H. Warnke: „Anglizismen spielen im Grunde genommen für das Deutsche seit dem 19. Jahrhundert eine Bedeutung. Vor allem kulturgeschichtliche Gründe. Da denken Sie etwa an die Industrialisierung in England. Viele Wörter, die wir aus dem Englischen zunächst mal ins Deutsche übernommen haben, sind aus kulturellen Kontakten entstanden. Sport ist ein gutes Beispiel. Viele würden gar nicht auf die Idee kommen, dass das ein Anglizismus ist. Sportschau als deutsches Wort ist aber auch schon wieder ein Wort mit einem Anglizismus, ja? Also insofern ist immer die Frage: Was ist eigentlich das reine Deutsche? Ich denke mal, dass bei den Anglizismen an die Sie jetzt vor allem denken, so in der Gegenwart so etwas wie das „downloaden" statt herunterladen und so weiter noch einmal eine Sondergruppe von Anglizismen ist. Nämlich ein Substitut, eine Ersetzung für deutsche Wörter, die es durchaus gibt und eine freiwillige Wahl der Sprecherinnen und Sprecher. Eine Präferenz sozusagen eher dieses englischsprachigen Wortes, weil das bestimmte Prestigegründe markieren kann. Wie auch immer. Da kommen wir jetzt in einen ganz anderen Bereich.

Das Erste, worüber ich gesprochen habe, hat etwas mit Sprachgeschichte zu tun. Das Zweite, worüber ich jetzt sprechen könnte, hat etwas mit Sprachprestige zu tun und mit Identifikationen auch in Zeiten von Globalisierung. Das hat eine ganz andere Dimension."

Sarah Winkelmann: „Können Sie auch noch etwas genaueres dazu sagen, wie sich das auswirkt auf das Denken und Handeln der Menschen vom Prestige, „uptodate" sein, auch ein Anglizismus, das man da auf einer Wellenlänge sein möchte? Wie könnte sich das noch auf unser Denken und Handeln auswirken? Vielleicht eine Ausschließung derjenigen, die einfach älter sind und die englische Sprache nicht gelernt haben?"

Herr Prof. Dr. Ingo H. Warnke: „Das wäre vielleicht weniger ein Einfluss dann auf das Denken und Handeln als vielmehr auf die sozialen Strukturen innerhalb einer Sprechergemeinschaft. Was das Denken und Handeln angeht, gibt es eine sehr interessante Untersuchung, die aus der sogenannten Ethnolinguistik, die Mitte des 20. Jahrhunderts, erste Hälfte des 20. Jahrhunderts, wo man den Einfluss unterschiedlicher Sprachen auf unser Denken und Handeln untersucht hat. Es gibt Hinweise darauf, dass unterschiedliche Sprachsysteme insbesondere dann, wenn sie wirklich markant differente Grammatiken aufweisen, auch unterschiedliche Denkweisen/Wahrnehmungsweisen hervorbringen. Insofern ist sicherlich Denken oder wenn wir es etwas komplexer ausdrücken wollen, unsere ganze Konzeptualisierung von Wahrnehmung, die ganze Verarbeitung im Kopf dessen, was uns umgibt, nicht etwas, was unabhängig von Sprache sowieso stattfindet. Und dann brauchen wir nicht nur noch irgendwie eine Sprache durch die wir das ausdrücken können, sondern die Art und Weise, mit der wir das ausdrücken können, prägt auch unser Denken und unsere Wahrnehmung. Insofern haben natürlich unterschiedliche Sprachen immer auch etwas zu tun mit unterschiedlichen Wahrnehmungen. Wenn in der amerikanischen Unabhängigkeitserklärung „The persuitofhappiness" als ein Grundrecht angesehen wird, können Sie das ganz schwer übersetzen mit dem Streben nach Glück. Im Deutschen, weil „happiness" nicht eins zu eins mit dem deutschen Wort „Glück" abgedeckt ist. Und daran sieht man schon, es scheinen Übersetzungsequivalente zu sein, aber es gibt irgendwie eine verschiedene Ausschnittbildung. „Lucky" und „happy" sind nicht dasselbe wie „glücklich" im Deutschen, sondern es sind zwei verschiedene Gefühle. Insofern haben Einflüsse anderer Sprachen immer auch etwas zu tun mit Wahrnehmungsformen. Es gibt einen Einfluss sicherlich auf unser Denken und auf unsere Wahrnehmung, das ist ganz klar. Ich würde allerdings den Einfluss des Englischen als nicht so gravierend ansehen, weil das Englische rein typologisch [eine] dem Deutschen unmittelbar benachbarte Sprache ist. Das Englische ist als eine indogermanische Sprache innerhalb dieser Sprachfamilie so nah am Deutschen, dass man sicherlich nicht markant andere Denkarten verbinden könnte mit dem Englischen. Im Einzelnen werden sich so einige andere Netze im lexikalischen System vielleicht aufzeigen lassen, aber wirklich so ganz markant auf unser Denken wird es sich wahrscheinlich weniger auswirken.

Ihre zweite Frage, die Sie gestellt haben, halte ich dann schon für eher relevanter. Nämlich: Wie stark ist der Einfluss auf eine soziale Zusammensetzung einer Bevölkerung und inwiefern werden hier auch durch bestimmte Register, die stärker durch Anglizismen belegt sind als andere, Ausschlüsse mitproduziert, wo dann einfach bestimmte Personen nicht mehr mitsprechen können. Das ist ein Altersproblem einerseits, ein Bildungsproblem andererseits. Also das ist eine soziolinguistische Dimension, so nennen wir das, ja? Also eine Verbindung von Sprache und Gesellschaft und an dieser Stelle kann man sicherlich einige interessante Phänomene des Einflusses und der Auswirkung von Anglizismen beobachten."

Sarah Winkelmann: „Okay. Vielen Dank. Gut. Damit ist meine Frage, der Kern der Frage, schon geklärt. Dass es sich eher auf das Soziolinguistische bezieht. Genau. Das ist sehr gut."

Prof. Dr. Ingo H. Warnke: „Ich könnte Ihnen noch etwas sagen, was vielleicht –ähm- mehr aus so einer fachwissenschaftlichen Perspektive auch mit Anglizismen zu tun hat, wenn Sie das interessiert, mehr unter so einem grammatischen Gesichtspunkt."

Sarah Winkelmann: „Ja."

Prof. Dr. Ingo H. Warnke: „Es wird häufig in den sprachpflegerischen Debatten, die in der Öffentlichkeit gerne geführt werden, auf die Gefahr des Englischen auf eine Verfremdung der deutschen Sprache hingewiesen. Der Verein „Deutsche Sprache e.V." ist dafür ein exemplarisches Forum. Nun ist es aber so, dass man die Entlehnung aus anderen Sprachen beziehungsweise den Einfluss anderer Sprachen im Wortschatz nicht als einzige maßgebliche Kenngröße für so etwas wie Einfluss von Anglizismen sehen sollte, sondern wir können beobachten, dass es auf anderen systematischen Ebenen der Sprache, nämlich auf der Ebene der Morphologie und auf der Ebene der Phonologie und auf der Ebene der Graphemik, auf der

Ebene des Wortbaus, der Ebene der Lautung und der Ebene Schreibung Tendenzen gibt, die sehr viel konservativer sind, die sehr viel zurückhaltender sind gegenüber neuen Einflüssen, als wie man das im ersten Moment so erwarten würde. Ich will Ihnen dazu an dem Beispiel „download" kurz aufzeigen, was ich damit meine. Erstens, wenn eine deutsche Sprecherin oder ein deutscher Sprecher „downloaden" sagt, hört sich das schon mal nicht so an, wie ein Engländer das spricht oder ein Amerikaner. Das heißt, es ist so sofort phonetisch markiert als eigentlich ein deutsches Wort, weil „download" wird praktisch geschrieben „daun", ja? Weil wir „down" gar nicht so aussprechen. Das ist schon mal erstens gibt es eine Radikalanpassung auf der Ebene der Phonetik und zweitens ist es so, dass diese Wort im Deutschen wunderbar integriert werden kann in das deutsche grammatische System, der Morphologie. Ich downloade, du downloadest, er downloadet, wir haben gedownloadet, es wird gedownloadet worden sein. Das ist ja deutsche Grammatik. Das hat ja überhaupt nicht mehr mit englisch zu tun. Es gibt also einen Bereich innerhalb der Sprache, nämlich den grammatischen Bereich, der offenbar gar nicht direkt beeinflusst wird durch solche Entlehnungen aus anderen Sprachen, sodass die Angst vor einer totalen Verfremdung und irgendwann haben wir überhaupt kein Deutsch mehr, zumindest an dieser Stelle unberechtigt ist. Wenn wir über so etwas sprechen wie Einfluss von Anglizismen, meinen wir immer nur den Wortschatz. Aber der Wortschatz ist nicht alles in der Sprache. Die Grammatik steht hinter dem Wortschatz auch noch und das müsste erst mal ein Sprachpfleger zeigen, dass unsere Grammatik gefährdet ist. Wenn also von der Gefahr des Englischen für die deutsche Sprache die Rede ist, muss man immer sagen, dass mag jetzt im Wortschatz etwas sein, aber das grammatische System des Deutschen zeigt sich als hochproduktiv, egal welches Wort kommt, es wird gleich integriert, so nennt man das, ja? Es findet eine Integration in die deutsche Grammatik statt. Das ist also noch einmal ein wichtiger Gesichtspunkt, der in den populärwissenschaftlichen und Populärdispots über Anglizismen überhaupt nicht berücksichtigt wird."

Sarah Winkelmann: „Ja, das ist wichtig. Stimmt. Darüber habe ich mir gar keine Gedanken gemacht bislang. Dass es einen Einfluss auf die Strukturen hat, das fällt mir auch auf. Gerade dass es häufig nur Wörter, einzelne Bestandteile aus mehreren…"

Prof. Dr. Ingo H. Warnke: „Richtig. Sie sehen es auch wunderbar in Komposita. Sie können so tolle Sachen machen wie Sportberichterstattung, also sozusagen eine Mischwort. Und viele würden sagen, dass ist ein deutsches Wort: Sportschau. „Ich verzichte doch nicht auf meine Sportschau! Aber hör' mir auf mit den ganzen Anglizismen." Ja, also das ist, wenn man [es] dann auf der systematischen Ebene sich anschaut, differenzierter und ich sehe keine Gefahr für das Deutsche."

Sarah Winkelmann: „Keine Gefahr. Okay."

Prof. Dr. Ingo H. Warnke: „Das heißt aber nicht, dass ich nicht aus anderen Gründen nicht auch sagen würde, man kann es auch übertreiben. Die Diskussion setzt aber dann auch woanders an."

Sarah Winkelmann: „Ja, ich denke auch in der Zukunft wird es gar nicht mehr so große Diskussion über eine Anglizismenwelle geben, da gerade auch die ältere Generation ausstirbt und die Neuen, die kleinen Kinder, die wachsen ja schon mit Englisch auf. Das wird ja auch schon in den Grundschulen gelehrt und ich denke, da ist es noch viel schwieriger zu unterscheiden, ob es ein Anglizismus ist, wenn man das Wort auch versteht. Ich glaube, man nimmt das dann gar nicht so wahr."

Prof. Dr. Ingo H. Warnke: „Es kann aber auch sein, dass durch eine größere Kompetenz im Englischen die Neigung Anglizismen im Deutschen zu verwenden, geringer wird. Wenn man nicht mehr seine Pseudobildung dadurch markieren möchte, dass man an Stellen, an denen es gar nicht nötig ist, englische Wörter [zu verwenden], sondern weil [man] sich mehr in einem „Codeswitching" bewegen kann und entweder man spricht Englisch oder Deutsch. Also es kann dazu führen, dass diese Anglizismen eher weniger werden. Das ist eine Möglichkeit. Das müsste man mal beobachten, ja?"